# SER

# FACILITADOR

Práticas de Treinamento e Desenvolvimento para o Mundo Corporativo

# COM
# SABER & SABOR

Lisbeth Resende Paulinelli Seba

# SER FACILITADOR

Práticas de Treinamento e Desenvolvimento para o Mundo Corporativo

## COM SABER & SABOR

QUALITYMARK

Copyright© 2013 by Lisbeth Resende Paulinelli Seba

Todos os direitos desta edição reservados à Qualitymark Editora Ltda. É proibida a duplicação ou reprodução deste volume, ou parte do mesmo, sob qualquer meio, sem autorização expressa da Editora.

| Direção Editorial | Produção Editorial |
|---|---|
| SAIDUL RAHMAN MAHOMED<br>editor@qualitymark.com.br | EQUIPE QUALITYMARK |
| Capa | Editoração Eletrônica |
| EQUIPE QUALITYMARK | SBNigri Artes e Textos Ltda. |

CIP-Brasil. Catalogação-na-fonte
Sindicato Nacional dos Editores de Livros, RJ

S449s

Seba, Lisbeth Resende Paulinelli
Ser facilitador com saber e sabor : práticas de treinamento e desenvolvimento para o mundo corporativo / Lisbeth Resende Paulinelli Seba. – 1. ed. – Rio de Janeiro : Qualitymark Editora, 2013.
216 p. : il. ; 21 cm.

Inclui bibliografia e índice
ISBN 978-85-414-0126-5

1. Recursos humanos. 2. Aprendizagem organizacional. 2. Pessoal - Treinamento. I. Título.

13-05100  CDD: 658.4
CDU: 005.963

**2013**
**IMPRESSO NO BRASIL**

Qualitymark Editora Ltda.
Rua Teixeira Júnior, 441 – São Cristovão
20921-405 – Rio de Janeiro – RJ
Tel.: (21) 3295-9800 ou 3094-8400

QualityPhone: 0800-0263311
www.qualitymark.com.br
E-mail: quality@qualitymark.com.br
Fax: (21) 3295-9824

# Dedicatória

Dedico esta obra ao meu pai **João Paulinelli de Oliveira** e à minha mãe **Thelma Severo Resende Paulinelli**, que aplicaram durante suas vidas as melhores técnicas de aprendizagem na criação dos filhos. Foram eles verdadeiros **SERES** Facilitadores... Nem o tempo nem as novas tecnologias serão capazes de apagar ou substituir o **SABER** que sabiamente souberam passar e o **SABOR** que nos deixaram.

# Agradecimentos

Aos meus filhos, Leandro, Patrícia e Carla, minhas três joias lindas e raras, que sempre torceram por mim e me apoiaram, entendendo a minha necessária ausência. Aos meus queridos irmãos, Roberto, Renato e Régis, símbolos de excelência e exemplos de amor incondicional. Aos meus amigos, William Neves, meu mestre, e Rosângela. Conhecê-los na minha vida, foi uma dádiva. O carinho, a confiança e a amizade me ajudaram a acreditar que poderia ir em frente e contribuir para um mundo melhor.

À minha grande amiga e parceira Ediles Galafassi de Queiroz, que sempre esteve firme comigo em todos os momentos.

Aos meus contratantes, especialmente Sandra Cristina Menegazzo, Evelise Bogoni Luzzi, Edson José Contessoto e Márcia Zago, Mario Henrique Queiroz e Cleide Januário, Dr. João da Paixão, Caroline e Teresinha, Gislaine Aparecida Lelis e Aurora Gonçalves da Silva Araújo, que sempre confiaram e acreditaram no meu trabalho, abrindo inúmeras portas profissionais. Vocês me fizeram SER mais.

Ao meu querido e grande incentivador, Benedito Milioni. Acredito que cada um de nós tenha um anjo que nos ajuda a descobrir toda a luz de que somos capazes. Sem estar atenta à sua voz, não ousaria escrever.

# A Autora

**Lisbeth Resende Paulinelli Seba**
Assistente Social, com especialização em Política Social – UCG, formação em Jogos de Empresa – MRG, Desenvolvimento Prático em Técnicas Vivenciais, Dinâmica de Grupo pela SOBRAP e Técnicas Avançadas de Dinâmica de Grupo. Formação Holística na UNIPAZ, Consultoria Interna de RH, Música em Abordagem Vivencial. Facilitadora em programas para Mobilização e Potencialização de Equipes. Vivência por 17 anos como Assistente Social e Facilitadora no Banco do Estado de Goiás em programas para Gerentes, Facilitadores Internos e Equipes. Atuou na WIN – Desenvolvimento de Pessoas BH, em Programas de Times de Alto Desempenho. Coautora do Livro Jogos de Empresas e Técnicas Vivenciais, autora do Livro SER Facilitador com SABER e SABOR em edição pela Qualitymark. Certificação International Coach – ICC. Sócia da **HYDRA EDUCAÇÃO EMPRESARIAL E EVENTOS** por 18 anos.

# Prefácio

Escrever um prefácio é uma temeridade: como dizer algo do texto que seu autor já não tenha dito? Por outro lado, é quase uma profanação, atenuada apenas porque faz-se um prefácio em atendimento ao convite do autor. Li muitos prefácios, assinei uns tantos, tive meus livros prefaciados, mas, ainda assim, reconheço o tremor que senti ao receber o convite da Lisbeth.

Adiei a lavra destas palavras o quanto pude e foi numa manhã cinza, de chuva fina e fria, caída sem aviso prévio sobre minha descoberta cabeça em caminhada pelos matos, que me veio a luz: incapaz de registrar algo que a Lisbeth não tenha feito em seu livro, portanto evitando o risco da redundância, percebi que o melhor seria compartilhar com o(a) leitor(a) a essência que define a obra e a liturgia da sua elaboração, ambas por mim testemunhadas nas idas e vindas do texto pelos bits da INTERNET para os palpites que me foram solicitados, poucos porque desnecessários. E creio ter feito a melhor escolha!

Foi um livro escrito com muito cuidado, cada letra como uma espécie de pincelada na tela de um óleo escolhido por um mestre da Renascença. Cada frase foi elaborada com a precisão de um talhe no mármore que nos deixou um Mestre insuperável, nas curvas e feições de um Davi. Cada capítulo foi elaborado como um poema sinfônico, com precisão e harmonia esplêndidos desde sua abertura até a última palavra, antes do seu ponto final. Por isso tudo, foi um livro escrito com os suaves requintes de Arte.

Não há, na obra, nada que a Lisbeth não tenha vivido intensamente. Tudo o que nela escreveu passou pelo rigoroso crivo da sua rica experiência profissional e pelos rigores neméticos que permeiam as suas condutas pessoais e profissionais. Seu arrazoado e o descritivo das aplicações das técnicas para levar sabores aos saberes de um(a) Facilitador(a) são preciosos. Temperada pela prática em centenas de cursos e atividades com grupos que vem conduzindo, Lisbeth herdou e potencializou dos seus mestres em Dinâmica de Grupo a exata dimensão do CAV (Ciclo da Aprendizagem Vivencial) e a diluiu em todas as palavras e frases do texto, pavimentando caminhos para que a formação de Facilitadores mais e mais seja robustecida.

Ah, sim... não falta emoção no livro! Sua autora colocou a própria, no que devem estar atentos os olhos de quem tenha o livro nas mãos: por ser um livro técnico, a presença da emoção é suave, comedida, delicada, por isso vivificadora. Saber e sabor, segundo meu pensar aprendiz do que sabe Lisbeth, é um sentir na sua extensão maior, e é tudo que leva este livro a ser uma dádiva para quem está fortemente engajado na missão da Educação, seja em que dimensão for!

Aplaudo este livro com palmas silenciosas, para não distrair o(a) leitor(a) no seu estudo, nem ser profano pela segunda vez, nesse caso pela interferência no momento de autorrealização por que passa Lisbeth Resende Paulinelli Seba, enfim uma escritora!

**Benedito Milioni**
**Escritor, conferencista e consultor**
**em Educação Corporativa**

# Apresentação

Este livro é o resultado de toda uma prática voltada para o **SER FACILITADOR** com **saber e sabor** e uma contribuição que coloco à disposição dos profissionais e colegas da área que, como eu, têm o compromisso de dar o melhor de si para estimular o desenvolvimento de pessoas e organizações. O foco será em torno de minha experiência profissional, enquanto facilitadora de grupos, e principalmente com facilitadores internos.

Comecei meu trabalho como Assistente Social e depois como Facilitadora de grupos no Banco do Estado de Goiás, em 1979, junto com pessoas muito queridas e competentes, que me incentivaram e acreditaram no meu potencial. Tive todas as dificuldades de um iniciante e vontade também de parar, principalmente quando os desafios eram muitos e pareciam insuperáveis.

Enfrentei medos, administrei frustrações e ampliei minha zona de coragem. Em 1999 saí do Banco e passei a me dedicar com exclusividade aos treinamentos com foco em desenvolvimento de pessoas. Com a prática, vários cursos e especializações fui crescendo e cada vez mais trabalhando a musculatura do meu **SER**.

Um novo momento surgiu e era a hora de enfrentar desafios ainda maiores, agora vendendo meus serviços no mercado de trabalho através da Hydra que foi fundada em 1996. Muito estudo, preparação e experiências para buscar um **SABER** diferenciado.

No livro, relato fatos e situações vivenciadas bem como comportamentos adotados e escolhas feitas por mim, que foram bastante significativas ao meu desenvolvimento e amadurecimento.

Dedicação, fazer diferente, criar programas específicos e práticos para grupos e empresas e desenhar as alternativas para seduzir o participante a querer aprender foi e tem sido um grande desafio que dá **SABER** e **SABOR** ao que faço.

Sinto-me motivada a fazer a diferença e a buscar continuamente a excelência focando-me na utilização de ferramentas que promovam a aplicabilidade daquilo que acredito ser de fato importante para o desenvolvimento das pessoas e dos resultados da organização.

No primeiro Capitulo, faço um breve comentário sobre o **SER** Facilitador e como chegam as demandas de clientes.

No segundo Capitulo falo sobre o Facilitador abrindo caminhos para a aprendizagem, a partir das demandas de clientes e participantes, bem como a posição do Facilitador. Destaco os fundamentos de como fazer o levantamento das necessidades do serviço, a elaboração de proposta e o planejamento do evento.

No terceiro Capítulo é a hora da apresentação, no palco – como lidar com os participantes, da chegada ao momento de dar "tchau". Alguns ingredientes são apresentados com temperos para os casos nossos de cada dia ocorridos nos grupos e como lidar com os participantes.

Posteriormente, no quarto Capítulo, falo sobre a utilização das técnicas vivenciais em treinamento.

E no último Capítulo, como ferramenta, repasso vários exercícios e técnicas da aplicação à realidade, criadas e adaptadas por mim, de forma que o leitor os entenda e possa aplicá-los em seus trabalhos.

Você vai aprender o jeito simples e profissional de **SER FACILITADOR COM SABER E SABOR,** expandindo ainda mais suas possibilidades de atuação.

Que sua leitura seja saborosa!

*Lisbeth Resende Paulinelli Seba*

# Sumário

**Capítulo I – "Ser Facilitador com Saber e Sabor" .... 1**
01. Quem é o Facilitador de Grupos ........................... 1
02. O Facilitador Interno e sua Escolha na
 Organização ........................................................ 3
03. Os Tipos de Facilitador ....................................... 4
04. Os 3S do Facilitador: Ser, Saber e Sabor ............ 8
 A) Origem do Modelo ......................................... 9
 B) Instruções para o Desenvolvimento
 do Facilitador 3S ........................................ 12
05. O Facilitador – 3S ............................................. 15
06. Cuidados na Facilitação de Adultos .................. 16

**Capítulo II – "Abrindo os Caminhos para a
Aprendizagem" ........................................................ 19**
01. Como Chegam as Demandas de Clientes ......... 19
02. Que Tipo de Programas os Clientes Querem ..... 20
03. O Que os Participantes Querem ....................... 23
04. A Posição do Facilitador 3S .............................. 24
05. Levantamento das Necessidades, Elaboração
 da Proposta e Planejamento do Treinamento ..... 25

**Capítulo III – "No Palco" ........................................ 31**
01. Os Encontros Nossos de Cada Dia –
 Como Lidar com os Participantes? .................... 32
 A) A Chegada ................................................... 32
 B) Indo em Frente com a Turma e
 Continuando o Trabalho .............................. 33
 C) Momentos de Afeição e Obras de Arte .......... 38
 D) Hora de Terminar, dar "Tchau" e um
 Forte Abraço ................................................ 39

Capítulo IV – "A Utilização de Técnicas
Vivenciais em Treinamento".................................. 41
01. Técnicas Vivenciais ............................................. 41
   A) Ajustando a Terminologia........................... 41
   B) O Que são Técnicas Vivenciais?.................. 42
   C) Onde se Aplicam as Técnicas Vivenciais? ....43
   D) Quais os Benefícios das Técnicas
       Vivenciais?..................................................... 43
   E) Afinal: Técnicas Vivenciais são
       Brincadeira ou Coisa Séria?......................... 44
   F) Como Escolher uma Técnica Vivencial?...... 45
   G) Alerta aos Profissionais que Aplicam
       as Técnicas Vivenciais.................................. 46
02. Ciclo de Aprendizagem Vivencial ...................... 47

Capítulo V – "Criando E Recriando Ferramentas
Saborosas – Da Aplicação À Realidade" ............... 53
   A Corrida de Motos ............................................ 56
   Ampliando a Percepção ..................................... 58
   Apresentação com Assinatura .......................... 61
   Apresentações Criativas .................................... 63
   Apresentações Estruturadas ............................. 65
   Aquarela da Empresa ........................................ 67
   Árvore do Compromisso .................................... 71
   As Três Perguntas que Faltavam ...................... 73
   Bonecos Invertidos............................................. 76
   Campeonato de Dados ....................................... 81
   Cartões Coloridos de Avaliação......................... 83
   Certificação de Qualidade ................................. 85
   Collors & Cia ...................................................... 87
   Como se dar Bem com Clientes? ...................... 89
   Compartilhando Histórias ................................. 91
   Computador Gostoso ......................................... 93
   Coreografia da Cooperação................................ 94
   Damas de Papéis Coloridos ............................... 96
   Dança das Letras ............................................... 98
   Despencou........................................................... 99
   Dicionário para Facilitadores Internos............ 100
   Diga a Senha e Vá............................................. 102

Em Três Minutos .................................................. 104
Empresa, Facilitador e Participante ................. 105
Esquentando o Ambiente .............................. 106
Facilitando a Comunicação ............................ 108
*Feedback* com Balinhas .................................. 109
*Feedback* com Crachás .................................... 111
*Feedback* de um a Dez .................................... 112
Folha de Competências ................................... 114
Formando Grupos Polêmicos ........................... 115
Frente a Frente ............................................... 116
Gentileza Gera Gentileza ................................. 118
Gesticulando ................................................... 120
Ginástica Para Líderes .................................... 122
Jogando Com O Nome ..................................... 123
Nome ou Nome pelo Qual Gosta
de Ser Chamado .............................................. 124
Jogo da Excelência .......................................... 125
Jogo das Argolas ............................................. 126
Jogo de Bolinhas de Tênis .............................. 128
Jogo de Estrelas .............................................. 129
Jogo do Lenço ................................................. 131
Mandando, Negociando, Deixando
e Equilibrando ................................................. 134
Montando e Apresentando .............................. 137
Mudança de Zero a Dez ................................... 139
Mudando o Ritmo ............................................ 140
Multiplicar X Deletar ....................................... 141
Na Passarela ................................................... 144
No "Boteco" .................................................... 145
Novos Compadres ........................................... 146
O Prêmio ......................................................... 147
O Semáforo ..................................................... 149
O Que Fazer? .................................................. 151
O Que Você Faria? .......................................... 153
Obra de Arte com Revistas ............................. 155
Perdendo o Medo de Falar .............................. 157
Que Estilo é o Seu Discurso? .......................... 159
Reflexão com Frases ....................................... 160
Relacionamentos Sustentáveis ....................... 163

Sim ou Não ..................................................... 165
Solução de Problemas ..................................... 167
Superando Desafios ........................................ 168
Surpresa Gostosa: O Abraço ........................... 169
Suzuki 2020 .................................................... 171
Tá Quente... Tá Frio... Deixa Isso Pra Lá ......... 173
Temo X Não Temo ........................................... 175
Temo X Não Temo ........................................... 176
Trocando Jornais ............................................ 177
Vitalizando com Cores .................................... 178

Capítulo VI – **Anexos** ............................................ **181**
Depoimentos de Participantes de Cursos ........ 181
Instrumentos ................................................... 187

**Bibliografia Consultada** ..................................... **195**

# Capítulo I

# "Ser Facilitador com Saber e Sabor"

## 01. QUEM É O FACILITADOR DE GRUPOS

O Facilitador é uma pessoa que vai facilitar, com perdão para a necessária redundância, a aprendizagem de grupos nas organizações, interna ou externamente, e, portanto, promover as condições vitais no sentido de estimular o outro a aprender posturas e comportamentos mais adequados e produtivos à obtenção de resultados.

É o nome que o profissional recebe quando ele está à frente na condução de pequenos ou grandes grupos, ministrando palestras, cursos, fazendo reuniões, dirigindo entrevistas, administrando treinamentos internos ou externos e capacitando colegas, superiores, fornecedores e clientes externos.

Normalmente, essa pessoa é chamada de Facilitador, seja ela um multiplicador, coordenador, consultor, gestor, palestrante ou educador empresarial.

O ser Facilitador está presente em vários papéis que desempenhamos no nosso dia a dia, e não só no aspecto profissional ou empresarial. Vale ressaltar que cada um de nós é Facilitador em alguma circunstância como, por exemplo, enquanto mães, pais, professores e amigos.

Encontramos vários estilos de Facilitador e também com vários níveis de comprometimento, mas todos que percebem e desenvolvem a missão de facilitar, desenvolvem o seu **SER** maiúsculo e, com certeza, se diferenciam.

Qual o melhor nome a adotar? Minha opção é usar o nome FACILITADOR porque o próprio nome já descreve qual será o foco: FACILITAR. Devemos relembrar persistentemente o significado da palavra facilitar quando estivermos à frente de um grupo, pois muitas vezes o Facilitador, sem perceber, acaba dificultando a aprendizagem.

Participantes de cursos de formação de Facilitador sempre me perguntam: mas como é possível o Facilitador... dificultar? Muito simples: como já disse, às vezes sem perceber o pretenso Facilitador torna difícil a comunicação, trabalhando os conteúdos de forma desorganizada, utilizando uma linguagem não acessível e descuidando da integração do grupo. Isso a princípio, porém muitos outros fatores também podem contribuir com essa não conformidade e com essa incoerência: um Facilitador... que dificulta!

O chamado curso de Formação para Facilitador Interno/Externo é apenas o pontapé inicial para o neófito tomar contato com referenciais básicos para a facilitação de grupos.

Posteriormente, é claro, cada um deve procurar fazer outros cursos específicos e treinar muito, preparando-se cada vez mais para que possa entender sobre gente, os conteúdos, jogos internos nos grupos, técnicas e ferramentas para acelerar o processo de aprendizagem.

O Facilitador é, ainda, aquela pessoa que busca preparar-se integralmente, desenvolvendo seu ser, saber e acentuando o seu sabor para poder, enfim, dar sempre o seu melhor, incentivando e energizando as pessoas a desenvolverem suas potencialidades e colocá-las em prática nos grupos a que pertencem.

Ser Facilitador é muito mais que repassar conteúdos de forma mecânica, para cumprir uma tarefa ou um programa. Segundo Cora Coralina, *é aquele que "transfere o que sabe e aprende o que ensina"*.

## 02. O FACILITADOR INTERNO E SUA ESCOLHA NA ORGANIZAÇÃO

O Facilitador interno é o colaborador de uma organização que foi selecionado para ministrar treinamentos, palestras e fazer capacitação interna para os próprios colegas ou superiores.

É comum a prática de indicações feitas pelo **superior imediato**, ou por alguém que acompanha e percebe as potencialidades do colaborador. Há acertos, porém muitas vezes a falta de ferramentas eficazes e a desinformação sobre as competências necessárias resultam em escolhas inadequadas.

Encontro, também, situações em que o superior faz a indicação mais para ficar livre das cobranças do RH e o colaborador chega para o Curso de Formação sem saber com clareza do que se trata.

Posso afirmar, pelo que tenho vivenciado, que é um investimento errado e esse é o caminho do desperdício, pois o colaborador poderá até se entusiasmar, mas logo será substituído porque não gosta do que faz.

**Veja algumas práticas adequadas:**
01) A empresa faz a divulgação e o colaborador se candidata participando de processo seletivo interno ou por via da contratação externa de especialista nesse domínio;
02) O superior hierárquico indica o colaborador para o processo seletivo, conforme o perfil solicitado pela coordenação do Programa.

Para que as duas alternativas sejam produtivas, a Coordenação do programa deverá ter clareza do que busca.

Quero ressaltar que antes de qualquer encaminhamento o colaborador precisa QUERER e deverá saber o que fará nesse papel.

## 03. OS TIPOS DE FACILITADOR

Conheço vários tipos de Facilitadores, e já nos meus primeiros contatos profissionais, pude ir identificando vários estilos e com todos fui aprendendo um pouco.

Aprendi que é preciso abraçar os ensinamentos, ouvir o que cada um tem a dizer, perceber as diferenças e demandas, sentar, pensar e, se for o caso, fazer a sua mistura.

Às vezes, a mistura sai bem ruim para que chegue depois à boa, mediante alguns esforços e sutis mudanças. Habilidades aprendidas em vários momentos diferentes são ferramentas valiosas para conquistar a maturidade e o sucesso profissional.

Eis algumas características de tipos de Facilitadores:

### 01. O TÍMIDO

É aquela pessoa que não gosta muito de se mostrar, prefere mesmo é ficar escondida no seu canto e não fazer apresentações, principalmente para grandes grupos e desconhecidos. Sente-se mais à vontade quando expõe para seu próprio grupo.

Muitas vezes tem lapsos de memória e de sequência de raciocínio, mais conhecidos como "brancos", a boca seca e a respiração fica difícil. Com olhos assustados, o contato visual é mínimo e prefere fazer apresentações sentado. Alguns tímidos dizem querer fugir, outros enfrentam e conseguem superar as dificuldades, não um dispêndio gigantesco de energia e até de uma desconhecida capacidade de autossuperação.

A postura física e a movimentação do tímido são mais fechadas. Posiciona-se de forma subserviente, se não em todas, certamente na gigantesca maioria das vezes. Rubor facial, tremedeira e sudorese também aparecem, principalmente nos momentos iniciais.

### 02. O PODEROSO

Ao contrário do tímido, o poderoso "se acha", estufa o peito, olha por cima e se considera o melhor.

É um bom argumentador e não se deixa intimidar facilmente. Não se assusta com regras, fala rápido e, mediante alguma fragilidade, procura se impor mostrando seu poder.

O poderoso normalmente desafia o participante e acaba, em várias circunstâncias, tornando-se mais arrogante e antipático.

### 03. O OBJETIVO

Normalmente é aquele que vai direto ao ponto. É bem focado e busca mostrar o lado prático do que apresenta. Apressado, não é de ficar dando voltas e quer logo ver os resultados.

Ouço em treinamentos alguns participantes afirmarem que quando repassam o treinamento, ficam muito ansiosos e, quando percebem, o assunto já acabou e fica um "buraco" de tempo a ser preenchido.

O objetivo, apesar de não ser muito paciente, precisa aprender a ser mais condescendente, planejar bem a apresentação e se preparar no sentido de ter assuntos adicionais para quando for necessário.

### 04. O DETALHISTA

Diferentemente do objetivo, o detalhista demora a concluir o seu pensamento e, às vezes, nem o conclui. Perde-se com facilidade, contando histórias e falando das próprias experiências, nos embasamentos teóricos e assuntos adicionais.

Fala muito, extrapola o tempo e fica com a sensação de que ainda faltou tempo e que não conseguiu passar tudo.

Vejo casos em que as pessoas reclamam e ficam impacientes com a falta de foco e as voltas que o Facilitador dá.

### 05. O TEÓRICO

Estuda muito, é um pesquisador.

Ele tem muito teoria, entende muito do assunto, mas muitas vezes não consegue mostrar o lado prático aos participantes.

## 06. O CRIATIVO

Sempre procurando fazer algo diferente. Tem muitas ideias para tornar o processo de aprendizagem mais interessante.

O criativo é envolvente e provavelmente apresentará várias alternativas no treinamento. Procurará aplicar dinâmicas de grupo para tornar sua apresentação mais participativa, porém nem sempre está habilitado a aplicá-las e explorá-las.

Precisa ter o cuidado de planejar o que fará, criar pontes entre os recursos que usa e os conteúdos e contextualizar bem o que vai fazer.

## 07. O DESPREPARADO

É aquele que enfrenta os desafios, mesmo não estando preparado. Ele arrisca e vai se arranjando durante a apresentação. Ele acha que no momento "H" dará um jeito. Não planeja e acredita que já sabe e tem tudo na sua cabeça.

Passa uma imagem de desorganizado e precisa aprender a planejar bem o que vai fazer.

## 08. O EXAGERADO

Tudo nele é excessivo, extravagante e exagerado demais.

Diz: "Sou do jeito que sou!" e não se importa muito com sua postura e o que as pessoas vão falar sobre ele. Corre o risco de ser inadequado em muitas circunstâncias.

## 09. O HUMORISTA

Mostra-se bem-humorado e de alto astral. Gosta de brincar e fazer piadas com tudo.

É ótimo ser bem-humorado! Porém, os exageros acabam sendo nocivos. O humorista deve se cuidar para que não perca o controle da turma e que as brincadeiras sejam coerentes com o assunto.

## 10. O OBÁ OBÁ
Tudo é barulho, festa, música, brincadeiras. Provavelmente será um Facilitador desinibido, cheio de energia, com fala alta e que provoca barulhos e aplausos na turma. Este tipo de Facilitador precisará sempre se perguntar: estou no foco? Faz sentido o que estou fazendo?

## 11. O ENROLADO
Fala, fala e fala para esclarecer um assunto e parece não sair do mesmo lugar. Literalmente se "enrola" apresentando argumentos confusos. Repete várias vezes a mesma coisa, se perde, foge do foco.
O enrolado precisa planejar bem sua apresentação.

## 12. O EXIGENTE
Exige muito de si e dos participantes. É rígido e nunca admite que está bom ou preparado. Cumpre normas e procedimentos internos à risca. Se não ficar atento, será rotulado como chato.

## 13. O IRRITADO
Este já chega irritado, nervoso, no limite emocional e, diante de qualquer situação que o desagrade, não consegue se segurar, apelando e brigando com os participantes.

## 14. O HIPNOTIZADOR
Fala pausadamente usando sempre o mesmo tom de voz, causando sonolência na turma toda.

## 15. O SEDUTOR
Procura seduzir, jogando sorrisos e seu charme pessoal.
É muito educado e procura tratar a todos de forma envolvente e próxima.

## 16. O MEL COM AÇÚCAR
Torna-se enjoativo e passa uma imagem de "puxa-saco". É aquele que é exagerado, invasivo e se excede nos elogios e na forma de tratamento, passando até um certo ar de falsidade.

## 17. O 3S (COM SER, SABER E SABOR)

Trata-se de uma grande pessoa. O Facilitador-3S tem um sólido conhecimento do assunto e demonstra prazer em realizar o que faz, mobilizando algo diferenciado, inclusive naqueles a quem instrui.

Finalizando...

Certamente, você conhece outros tipos ou uma mistura de tipos e características parecidas ao que foi descrito e foi identificando Facilitadores e seus perfis.

Na realidade, nós temos mesmo um pouco de todas essas características que se manifestam, dependendo da personalidade e do momento de cada um, do tema e do grupo trabalhado.

Qualquer que seja o seu estilo, lembre-se de *que é você quem faz a sua imagem*. É aconselhável que os clientes internos e externos tenham uma excelente imagem sua. Os "exageros" e as "faltas" comprometem sua imagem.

Finalmente, qualquer que seja seu estilo, você precisa ter claro quais são suas fortalezas e fragilidades, trabalhando-as sempre. É fundamental que acredite com toda força que naquele momento de apresentação "você é o melhor", motivo pelo qual está ali. "Ninguém encanta ninguém se não estiver convencido do próprio encanto." Portanto, acredite em você.

Procure ter uma boa percepção de si e fazer de forma equilibrada a mistura que o leve a ser um profissional de excelência.

## 04. OS 3S DO FACILITADOR: SER, SABER E SABOR

Os **3S** representam o modelo de ser Facilitador-3S com sustentabilidade (aqui entendida como continuidade, permanência, consistência). Isso significa que o Facilitador-3S deve criar uma plataforma de desenvolvimento focada no **SER, SABER e SABOR**, de forma que os Ss fluam com naturalidade, leveza, consistência e diferencial.

Creio que já tenham ouvido falar que "saco vazio" não para em pé. E é verdade! Seja qual for o estilo, o Facilitador que tiver uma estrutura interna frágil, postura profissional a desejar, conteúdo inconsistente e que não tenha desenvolvido habilidades para repassar o que sabe, dificilmente conseguirá se manter de pé por muito tempo.

Muitos vão levando... Alguns sem muita responsabilidade e motivação, fazendo o que deve ser feito para poder sobreviver, ou cumprir determinações superiores da própria empresa ou chefia. Estes não tem o prazer de provar o sabor de fazer o que se gosta. Sentem-se desmobilizados de interesse e dedicação. O trabalho passa a ser obrigação e facilitar um mero repasse de conteúdos. É triste ouvir pessoas da área falarem com descompromisso nos próprios treinamentos que realizam.

A) ORIGEM DO MODELO

O modelo dos 3S foi inspirado no sobejamente conhecido acróstico **C H A**, muito em voga nos processos de Desenvolvimento de Pessoas, que significa: **C** ONHECIMENTO, **H** ABILIDADES e **A** TITUDE.
- 1. Conhecimento é "o "saber" que a pessoa acumulou ao longo de sua vida" (Durand, 1998);
- 2. Habilidade "é a capacidade de aplicar e fazer uso produtivo do conhecimento" (Gagné et al., 1988);
- 3. Atitude é a "predisposição do indivíduo em relação à adoção de um curso de ação. domínio relacionado a sentimentos, crenças e valores (Bloom et al., 1973).

De forma simplificada, podemos defini-los da seguinte maneira:
- * Conhecimento: "saber o que fazer".
- * Habilidade: "saber como fazer".
- * Atitude: "querer fazer".

Assim pude visualizar os **3S** e compará-los ao **CUPCAKE**.

O **cupcake** é um bolinho de origem inglesa, seu nome original é *fairy cake*, em português *bolo de fada*, que vem conquistando o mundo. Deliciosos, esses bolinhos contribuem, e muito, para uma bela *decoração de uma festa*. Sem contar que são muito mais *práticos*, já que, com eles, você não vai precisar fatiar o bolo. A maioria adora!

O nome *cupcake* foi dado por duas razões distintas e que se completavam. Uma razão eram as medidas feitas baseadas em um copo (xícara) e a outra é referente aos números presentes nas receitas tradicionais.

As medidas dos ingredientes eram sempre contadas através do padrão "X xícaras de tal ingrediente", e esse formato facilitou muito a vida de quem precisava preparar a receita e não queria perder tempo pesando um por um. Motivo pelo qual o nome *cupcake* faz sentido relacionado a algo do tipo "bolo da medida de copo".

O outro lado do nome se dá pelo uso do termo *CUP* numericamente, já que a receita consiste basicamente em :
– 1 xícara de manteiga
– 2 xícaras de açúcar
– 3 xícaras de farinha
– 4 ovos mais um copo de leite
e uma colher de bicarbonato.

O interessante é que a receita do *cupcake* é uma *massa básica*, e com ela cada um poderá criar inúmeras variações de sabores. Depois de pronto, você poderá incrementá-lo com diversas *coberturas* e *recheios*.

O *recheio* poderá ser de *brigadeiro, geleia, cremes, doce de leite* etc. Para *rechear*, basta furar o *bolinho* pronto, colocar o *recheio* e tampar com a própria massa retirada.

A *cobertura* também pode ser feita em diversos sabores, como: *brigadeiro preto* e *branco, chantilly branco* ou *colorido* etc. Para finalizar, você poderá usar *chocolate granulado, coco, confeitos coloridos, confete de chocolate, pedaços de frutas* etc.

Não se trata aqui de repasse de receitas de *cupcake*, porém é curiosa a comparação que se pode fazer com os 3S. Vamos lá...

O **1º S** é o **SER**, a massa básica de cada um, que tem a ver com o desenvolvimento da musculatura interna de cada facilitador. Com o investimento no autodesenvolvimento, atitudes, princípios, valores e postura, o facilitador vai trabalhar a sua excelência pessoal.

Para ser um excelente facilitador, o facilitador deverá ser, em primeiro lugar, uma excelente pessoa. A receita deve ser pelo menos a básica, pois a partir dai cada um melhora a sua própria massa.

Creio ser o S mais difícil de se trabalhar, tendo em vista que dependerá exclusivamente do querer de cada um, de dedicação e de processos de mudanças internas.

O **2º. S** é o **SABER**, que inclui os conhecimentos, o respaldo conceitual e as habilidades que o facilitador deverá buscar. São vários ingredientes para rechear o seu **SER,** e basta saber introduzir no furinho os conteúdos adequados para constituir uma base mais sólida.

Começar por onde? Por um curso básico? Que seja pelo menos um que mostre ferramentas práticas e que sejam aplicáveis à realidade dos participantes. Que tenham ao mesmo tempo a oportunidade durante o curso de exercitar e colocar em prática.

O **3º. S** é o **SABOR,** a cobertura, algo que se destaca e faz os olhos brilharem e, ao mesmo tempo, faz emergir uma vontade louca de saborear aquele sabor. Na essência, é o SABOR que movimenta o nosso SER e SABER, sendo que há um enorme prazer em desempenhar o que se propôs. Torna-se visível a transparência do SER e a fluidez do SABER.

Para quem gosta de resultados, veja os sinais de + e de – e procure chegar à própria conclusão e escrever o tipo de facilitador que terá:

**SER + SABER – SABOR = FACILITADOR:** _____
**SER – SABER + SABOR = FACILITADOR:** _____
**SER – SABER – SABOR = FACILITADOR:** _____
**SER + SABER + SABOR = FACILITADOR:** _____

Algumas conclusões são bem visíveis. Por exemplo: apenas o **SABER** não garante o êxito do facilitador. Quantos possuem muita teoria e até ferramentas para repasse, mas não conseguem fazer na prática. Cada S sozinho será incapaz de gerar resultados satisfatórios. Há que se buscar, além do SABER, a essência do **SER** de cada um para que haja um **SABOR** único, que consequentemente nos levará à diferenciação e alta produtividade.

### B) INSTRUÇÕES PARA O DESENVOLVIMENTO DO FACILITADOR 3S

01 – Coloque todos os ingredientes do seu **SER** e mexa até obter uma consistência firme.

02 – Depois disso, vá acrescentando **SABER** mexendo sempre.

03 – Pare de bater, prove e acrescente ou não novidades do **SER e SABER**.

04 – Em seguida, continue mexendo sempre. Não pare!

05 – Finalmente, coloque na massa aquele fermento que não pode faltar e misture suavemente.

06 – Agora é hora de colocar a massa nas forminhas deixando um espaço livre para que ela cresça e se ajuste.

07 – Leve ao forno, deixe dourar.

08 – Coloque aquela cobertura e sinta o **SABOR**.

Com as combinações acima, quero destacar a importância do equilíbrio de cada **S**. Cada pessoa pode fazer uma autoavaliação e criar um plano de desenvolvimento para cada **S**, dedicando a trabalhar suas competências.

Segundo *Rubem Alves, "para ensinar, dar aulas e fazer reuniões, não basta apenas conhecer o assunto, é preciso transmiti-lo com didática, organização e metodologia. É preciso ainda saber seduzir o participante para que ele deseje e, desejando, aprenda".*

Essa frase reflete bem o trabalho de um Facilitador e sugere o investimento pesado nos **3S**, ou no velho CHA (Conhecimento, Habilidade e Atitude) que nos indica os ingredientes técnicos e comportamentais para que as combinações sejam mais gostosas, saborosas, inéditas, sedutoras e excelentes.

Complementando esses fundamentos, temos abaixo os ingredientes de cada **S**.

### 1º S – SER
Espera-se que o Facilitador desenvolva o seu **SER** apresentando as seguintes atitudes:
– Energia e automotivação
– Organização, clareza e objetividade
– Coerência, foco e firmeza
– Usar a criatividade
– Trabalhar sob pressão
– Controlar as emoções
– Exercer a liderança
– Estabelecer um bom relacionamento com o grupo
– Ser atento
– Saber ouvir e interpretar
– Saber fazer empatia
– Respeitar as diferenças
– Ser educado
– Manter sigilo
– Ser paciente

– Ter dinamismo
– Humildade e sensibilidade
– Proatividade
– Bom senso e flexibilidade
– Boa postura profissional

    O SER está ligado às atitudes, que são as competências comportamentais do Facilitador. Ele é observado na íntegra o tempo todo: seja enquanto estiver trabalhando, nos seus relacionamentos, no restaurante da empresa, no pátio ou ministrando cursos.
    O cuidado por uma postura adequada será um desafio diário. Caso contrário, a credibilidade junto ao cliente e seu trabalho ficarão frágeis e sem sustentação.

## 2º S – SABER
O Facilitador deve procurar aprender sobre:
– Técnicas de planejamento
– A realidade da empresa
– Quem é o público alvo
– Como utilizar os recursos audiovisuais ou instrucionais
– As técnicas de apresentação em público
– Comunicação verbal e não verbal
– Técnicas de reuniões
– Métodos e técnicas de ensino tradicionais e participativas
– Dinâmica de Grupo
– Fases do Grupo
– Os conteúdos dos programas que serão trabalhados
– Os tipos característicos de participantes
– Técnicas de controle da emoção
– As múltiplas inteligências

    Saber que poderá buscar em cursos específicos e técnicos, seminários, aconselhamento, estágios, graduação e pós-graduação.
    Para exercer o papel de Facilitador, é fundamental que ele apresente algumas habilidades e domínios:
– De como fazer apresentações

– Do tema e conteúdo planejado
– Das técnicas que serão utilizadas no treinamento
– De como explorar uma técnica vivencial
– Habilidades para sintetizar
– Saber identificar os tipos de participantes para fazer as intervenções adequadas
– Perceber as reações e fazer leitura de grupo
– Técnicas de controle de emoção
– Técnicas de administração de tempo
– Técnicas de avaliação

### 3º S – SABOR

Está relacionado ao diferencial de cada um, a superação de expectativas.

### 05. O FACILITADOR – 3S

Trabalhando os **3S**, o facilitador será um verdadeiro educador. O foco passa a ser **SER e SABER**, para obter um **SABOR** diferenciado. O foco passa a ser, portanto, a aprendizagem, a mudança de comportamento, ou seja, resultados reais.

O **Facilitador-3S** é peça fundamental na disseminação de boas sementes de conhecimento na empresa e deve, portanto, ficar alerta a tudo o que se diz a seu respeito, procurando ser coerente e um exemplo a ser seguido.

Poderá fazer isso, a começar pela avaliação contínua de suas capacidades pessoais, conhecendo-se melhor como pessoa, não ignorando seus próprios preconceitos e aptidões e identificando e ajustando seus estilos pessoais aos dos outros.

Ele precisa conhecer a realidade da empresa bem como as demandas de cada área para que possa entender onde e por que os participantes aplicarão o que vão aprender.

Muito se ouve sobre as dificuldades de comunicação interna, pequenos feudos formados e áreas delimitadas ou os velhos problemas com gestores nas empresas. Mesmo assim, o Facilitador não poderá perder de vista que as áreas são interdependentes sim e que mesmo com condições não ideais e jogos internos, espera-se resultados com a aplicação do que aprenderam.

É interessante que o Facilitador-3S procure se colocar no lugar do participante, sabendo entender suas motivações, interesses, experiências profissional e pessoal. Perceber, ainda, seu estilo pessoal para que possa lidar melhor com cada um.

Outro ponto a salientar é que o Facilitador-3S não deve ficar indiferente aos métodos de ensino/aprendizagem, do mais tradicional ao mais participativo, do antigo quadro negro aos recursos mais sofisticados, para que saiba, com espírito critico, selecionar os métodos que melhor se apliquem aos objetivos instrucionais e faça as adequações conforme a realidade que dispõe.

Cabe a cada Facilitador-3S estabelecer uma boa comunicação com o grupo, estimulando a interação, integração e parceria, mesmo com todas as diferenças e divergências. O desafio é saber fazer um grupo heterogêneo trabalhar em conjunto.

Saber planejar a instrução, utilizando as informações úteis e escolhendo os métodos instrucionais adequados aos participantes e ao conteúdo, ajudará imensamente no processo de assegurar que os objetivos previstos sejam atingidos.

O Facilitador-3S é um eterno aprendiz e aperfeiçoa-se continuamente, inclusive aprendendo com cada participante.

## 06. CUIDADOS NA FACILITAÇÃO DE ADULTOS

*"Conheça todas as teorias, domine todas as técnicas, mas ao tocar uma alma humana, seja apenas outra alma humana."*

*Carl Jung*

Para entendermos melhor a ação do Facilitador lidando com pessoas adultas nas empresas, precisamos conhecer na prática o que é observado em sala, tendo em vista alguns princípios e características da Educação do Adulto. Não pretendo teorizar ou colocar todos os postulados básicos da Andragogia, sobre o que vários autores já escreveram, mas comentar o que de fato a experiência me faz ler sobre tudo isso.

Um primeiro comentário é que nem todos os adultos são adultos. Encontramos participantes adultos que se comportam como crianças e jovens adolescentes; mas de qualquer forma não se pode esquecer que:

1. **O adulto deve querer aprender.** Pessoas que são empurradas, mandadas ou convocadas terão resistência ao processo de aprendizagem. Os adultos precisam saber a razão de sua aprendizagem, quais os conteúdos que serão trabalhados, como a aprendizagem será conduzida e quais os resultados que se espera para que possam comprar a ideia e demonstrar mais comprometimento com a decisão de participar do treinamento, mostrar-se mais satisfeitos e mais propensos a perceber a aplicabilidade para o trabalho e na própria vida.

2. **O adulto aprende para aplicação imediata, para resolver problemas, e não simplesmente para acumular conhecimento.** Onde vou aplicar o que vou aprender? Quando a pessoa não consegue enxergar onde aplicar, ficará desatenta, desmotivada e os resultados serão baixos. Os adultos geralmente se tornam prontos para aprender quando a situação de vida cria a necessidade de saber.

3. **O adulto tem vivências acumuladas.** O Facilitador precisa respeitar e considerar as histórias de cada um para não só entender melhor os diversos comportamentos que ocorrem como também estimular e criar recursos que contribuam para processo de aprendizagem de cada um.

4. **O adulto demanda uma metodologia participativa, uma linguagem direta, mais objetiva e experiências concretas.** Os adultos querem que a aprendizagem seja agradável.

5. **O adulto aprende estabelecendo conexão** entre os conhecimentos adquiridos e suas experiências profissionais.
6. **O adulto cobra sempre o retorno de seu desempenho** no processo ensino-aprendizagem. E a estratégia ideal é a autoavaliação, para que ele próprio julgue o seu processo. Sua motivação se liga às expectativas de melhorias na carreira profissional, no reconhecimento social e na busca do crescimento pessoal.

Na metodologia para adulto, o objetivo do ensino-aprendizagem é o de explorar a experiência. O foco não está no conteúdo que é ensinado, mas nos esquemas referenciais de quem aprende. Citando Paulo Freire.

*"Assim, preparar o Homem para a vida, significa deixá-lo caminhar com seus próprios pés, possibilitando-lhe a tomada de consciência de todas as possibilidades que a realidade lhe oferece, avaliando sua própria capacidade".*

# Capítulo II

# "Abrindo os Caminhos para a Aprendizagem"

Como abrir os caminhos para a aprendizagem? Temos vários fatores a serem observados, a começar por entendermos como chegam as demandas de clientes, depois identificar o que eles querem e, mais adiante, o que os participantes esperam de um treinamento. Tudo isso para começar a pensar na elaboração de proposta, depois na seleção de conteúdos, metodologia e adequação à realidade do cliente.

**01. COMO CHEGAM AS DEMANDAS DE CLIENTES**

As demandas de clientes chegam de diversas formas:
- o que foi indicado por outro cliente;
- o que precisa entender ou pesquisar conteúdos para elaborar algum programa interno em sua empresa e solicita proposta;
- o que tem a verba aprovada e tem prazo para fazer o treinamento;
- o muito comprometido, que está pesquisando o melhor conteúdo e a metodologia mais envolvente;
- o muito exigente, que se cerca de todos os cuidados, portanto pesquisa, conversa, tira dúvidas, pede propostas, analisa e só depois define quais serviços vai contratar;

- o que nem sabe o que quer;
- o que quer mais uma proposta;
- o que já conhece o **seu** trabalho e quer que seja **você**.

## 02. QUE TIPO DE PROGRAMAS OS CLIENTES QUEREM

Tem clientes que preferem programas mais formais e outros mais lúdicos, e é comum aparecer as seguintes situações:

**a) os adeptos das dinâmicas de grupo**
Clientes frequentemente perguntam, quando solicitam um programa de treinamento, se haverá dinâmicas de grupo. O que se pode constatar é que eles reconhecem a importância de um treinamento em que as pessoas possam participar mais ativamente, compartilhar suas experiências, reproduzir e refletir sobre situações semelhantes ao seu dia a dia. Constata-se ainda que consideram a exposição teórica cansativa e não desejam treinamentos monótonos e desinteressantes na sua empresa. Enfim, o treinamento tem que ser movimentado.
Na realidade, o foco acaba sendo técnicas que provoquem movimentação no grupo. E eles estão certos: os adultos querem cursos mais dinâmicos, participativos, envolventes e saborosos.
Se o facilitador das técnicas vivenciais realmente souber o que faz, escolherá o que for mais coerente de acordo com o grupo e as necessidades, explorando adequadamente e obtendo resultados excelentes. Se esses cuidados não forem observados, tudo que utilizar poderá ser somente mais uma daquelas atividades a que se chamam, vulgarmente, como "oba oba".

**b) os que rejeitam as dinâmicas de grupo**
Outros clientes vão logo dizendo que "odeiam aquelas brincadeirinhas sem graça, ridículas ou *"oba oba"* porque o trabalho é com gente séria" Normalmente, essas pessoas tiveram experiências não muito agradáveis. O que acontece é que as técnicas soltas e desconectadas

de um contexto, do momento do grupo, não fazem sentido e passam a ser vistas como "brincadeiras"... exatamente porque nelas não viram ou sentiram valor algum. Ainda há o fato de que muitos nem sabem explorar as técnicas vivenciais, e estas são mal trabalhadas ou não trabalhadas, pois quem as aplica não tem o indispensável preparo técnico. É o que muito se vê por aí. Com toda razão, são as tais "brincadeirinhas" sem graça e, de fato, não funcionam.
Como se vê, há aqueles que adoram e aqueles que odeiam técnicas vivenciais. Cabe ao facilitador de técnicas vivenciais redobrar o cuidado ao elaborar a programação usando técnicas mais moderadas, optando mais por trabalhos em grupos e progressivamente, se for o caso, utilizar um ou outro vitalizador que seja bem pertinente ao tema.

**c) os que querem realmente uma "brincadeirinha" para aplicar no grupo**
Outra situação que acontece é quando algumas pessoas entram em contato com as empresas provedoras desses serviços especializados e falam da seguinte forma: "Olha, eu estou precisando de uma "brincadeira ou brincadeirinha" para aplicar num grupo aqui na empresa. Será que você pode me passar alguma coisa bem dinâmica?". O que fazer? Difícil, muito difícil! Penso que simplesmente passar uma atividade entre as muitas disponíveis é uma irresponsabilidade. Sempre pergunto nesses casos: "É você que vai aplicar? O que realmente quer trabalhar com o grupo? Qual é o tema do treinamento? Quantas pessoas? De quanto tempo você dispõe? Sabe como explorar a técnica? Teve preparo e está credenciado(a) no domínio da aplicação das técnicas vivenciais?
Alguns solicitantes desse tipo de ajuda acham que é má vontade ou que o profissional não quer compartilhar material. Não é bem assim. Tenho trabalhado e conheço muitos profissionais que têm o maior prazer em compartilhar tudo, mas procuro indicar o melhor e

quero que o material seja adequado e aplicado por profissionais que saibam o que estão fazendo. Os rigores da ética profissional não me deixam alternativa, a não ser proceder da forma 100% correta.

**d) os que querem um treinamento rápido**
Outros solicitantes querem um treinamento rápido. A preferência é que seja uma, duas ou três horas porque não podem liberar os colaboradores. Dependendo do assunto e número de participantes, o formato será apenas uma palestra.

**e) os que só podem liberar o pessoal para treinamento após o expediente ou em finais de semana**
Trata-se aqui de empresas com uma cultura que prioriza treinamentos somente à noite e finais de semana. Dizem não ter como liberar os colaboradores em horário de trabalho.

O que acontece normalmente é que os participantes já chegam cansados e também com raiva de terem que participar do treinamento. Há aqueles colaboradores que se esforçam bastante para ficar alerta, mas o problema é que já estão no limite e ninguém é de ferro. O sono e o cansaço comprometem o aprendizado, por mais que o facilitador tente mantê-los alertas.

**f) os que querem apenas cumprir o programa anual**
Há empresas em que as atividades foram programadas e aprovadas e, nelas, a orientação da solicitação é: "Precisamos fazer o treinamento para gastar a verba".

**g) os que têm um programa de desenvolvimento**
Há clientes que dizem possuir programas internos de desenvolvimento e periodicamente fazem um evento neles previstos.

**h) os que querem implantar programas diferenciados**

Outros clientes dizem estar em busca de programas diferenciados e inéditos. Fazem levantamentos, reuniões e, não raro, acabam não fazendo nada.

**i) os "apagadores de incêndio"**
São aqueles que contratam os serviços somente quando estão no limite e têm mesmo que fazer alguma coisa para apagar o incêndio forte, que está fugindo do seu controle.

## 03. O QUE OS PARTICIPANTES QUEREM

**a) brincadeiras**
Nos treinamentos, os participantes têm expectativas, mas o que alguns querem mesmo são as "brincadeiras". Logo no começo já perguntam: "Tem brincadeira"? Tem filminho? Ah!!! É muito melhor quando tem brincadeira, passa mais rápido e não dá tanto sono!". De certa forma eles estão certos. É muito desgastante e desestimulante ficar horas e horas num treinamento maçante.

Nesse momento o profissional poderá explicar como será a metodologia e começar a demonstrar que o treinamento tem conteúdo e que as técnicas que serão utilizadas vão reforçar a fixação de conhecimentos e estimular as trocas de experiências.

**b) praticidade**
Os participantes querem treinamento que sejam práticos e aplicáveis à sua realidade. É gratificante ouvir um participante dizer que em momento algum no treinamento teve a sensação de perder tempo e que todos os momentos foram muito bem aproveitados.

**c) pontualidade**
Parto do princípio de que as pessoas têm seus compromissos pessoais e profissionais e ninguém está disposto a ficar perdendo tempo esperando alguém que não chegou para começar e a ficar depois do horário que foi acertado.

Os horários devem sim ser observados e cabe ao Facilitador administrar bem o seu tempo.

**d) foco**

Os participantes querem que o facilitador tenha foco e, para isso, ter clareza de qual é o tema, o objetivo e os conteúdos que serão abordados é fundamental. Assuntos secundários competindo com o tema principal acabam gerando aquela sensação de que não teve muito sentido no que foi feito, o que gera insatisfação e descrédito em reuniões ou treinamentos.

**e) local adequado**

Um local que tenha pelo menos um conforto mínimo e sem exageros. Por exemplo, a sala não tem ar-condicionado e o calor é insuportável. O inverso também é verdadeiro.

As cadeiras devem ser confortáveis e a sala deve ter espaço para que as pessoas possam se deslocar e trabalhar em grupo. Deve haver água e banheiros por perto; enfim, um mínimo de conforto.

**f) Facilitador preparado**

Sim. Os participantes querem um facilitador que esteja preparado e que tenha credibilidade. E que seu preparo vá além do conteúdo. Que demonstre habilidade para tratar sobre os assuntos e tratar as pessoas. De preferência, que utilize uma metodologia participativa, que seja prático, pontual e profissional.

## 04. A POSIÇÃO DO FACILITADOR 3S

Temos Facilitadores e Facilitadores... O fato é que o Facilitador 3S precisa estudar, aprender com as experiências e procurar ser um profissional de verdade. Cabe a ele tomar decisões que sejam coerentes com o seu SER, definindo os caminhos que quer seguir.

Na minha experiência, faço aquilo que acredito, procurando negociar e envolver meus clientes no sentido de mostrar a eles o melhor caminho.

Quer seja uma palestra, um curso, um programa educativo, uma capacitação, uma formação ou um processo seletivo, o profissional que estiver à frente de um grupo na relação de ensino/aprendizagem deverá agir de forma transparente e ética.

Quanto às técnicas vivenciais, são comprovadas a sua utilidade e eficácia no desenvolvimento de grupos e a adesão é crescente. Trabalhar com grupos não é "aplicar brincadeiras ou dinâmicas". É, antes de tudo, saber diagnosticá-los com base em referenciais teóricos. É compreender o processo de desenvolvimento, seu percurso, suas fases e movimentos para que as intervenções sejam pertinentes.

Atualmente, os profissionais de Recursos Humanos, educadores, psicólogos, entre outros, utilizam essa ferramenta na sua rotina de trabalho. É preciso ter claro o objetivo e detectar qual o perfil e a necessidade da empresa, pois muitas variáveis influenciam o resultado positivo ou não. A técnica não é mágica, como muitos pensam, e os resultados só serão eficazes se ela for bem explorada.

## 05. LEVANTAMENTO DAS NECESSIDADES, ELABORAÇÃO DA PROPOSTA E PLANEJAMENTO DO TREINAMENTO

Entendo que as reflexões anteriores fazem parte da primeira etapa para começar a abrir os caminhos para a aprendizagem. Em termos mais concretos, a pergunta é: o que fazer? É começar a colocar as mãos na massa.

Sempre que me proponho a realizar um trabalho, tenho como prioridade superar as expectativas do cliente e me dedico integralmente à busca desse caminho. Eu realmente me comprometo e entro pra valer. Pergunto, esclareço dúvidas e ajusto tema, objetivos e conteúdos. Procuro, ainda, obter informações sobre os participantes, o local onde será realizado o treinamento e a carga horária disponível para depois começar a enxergar um conteúdo e uma programação mais afinada com a realidade do grupo com o qual vou trabalhar.

Abaixo, compartilho o que utilizo como planejamento básico:

**PLANEJAMENTO BÁSICO**

**PRIMEIRA ETAPA:**

- **NOME DO CURSO OU TEMA**
- **OBJETIVO(S)**
- **CONTEÚDO PROGRAMÁTICO**
- **METODOLOGIA**
- **PÚBLICO-ALVO**
- **NÚMERO DE PARTICIPANTES**
- **CARGA HORÁRIA**
- **DATA(S) AGENDADA(S):**
- **LOCAL**
- **AMBIÊNCIA**
- **RECURSOS INSTRUCIONAIS ou AUDIOVISUAIS**
- **RECURSOS MATERIAIS**
- **RESPONSABILIDADES DO FACILITADOR**
- **RESPONSABILIDADES DO CONTRATANTE**

**SEGUNDA ETAPA**

- **PESQUISA DO CONTEÚDO**
- **AJUSTE DO TEMA, OBJETIVO E CONTEÚDOS**

## TERCEIRA ETAPA

- **PROGRAMAÇÃO detalhada**

Nesse passo a passo é a hora de detalhar tudo: Como vou começar, como será a introdução, utilizarei alguma técnica de apresentação? Como vou apresentar os conteúdos? Farei uma exposição com slides ou um exercício em grupos? Quais técnicas vivenciais poderei utilizar para trabalhar comunicação e processos, que são temas centrais do trabalho? Quais vitalizadores poderei usar? Como vou finalizar o curso?

## QUARTA ETAPA

- *CHECK LIST* **geral e todas as providências a serem tomadas para a realização do evento.**

As estratégias e os caminhos são pensados o tempo todo e sempre com foco nas necessidades da empresa e nas possíveis necessidades do grupo que provavelmente só vou conhecer no momento do treinamento. Pesquiso, vou montando e desmontando até poder organizar tudo e preparar os materiais, exercícios, vídeos, textos, slides e todos os detalhes finais.

Considero a fase de planejamento sempre vital para minimizar um pouco as ansiedades que certamente são fortes.

Ter domínio do conteúdo é outro ponto fundamental, bem como conhecer os princípios e as fases pelas quais passam um grupo. Só isso? Não! Muito mais é preciso, inclusive cuidar para que tenha uma boa postura profissional e principalmente ter uma boa percepção de si mesmo, entendendo suas emoções e sentimentos bem como suas fortalezas e fragilidades.

Decorar conteúdo? Nem pensar! Estude, leia muito, esteja atualizado, pesquise assuntos adicionais e complementares, faça esquemas que facilitem a internalização dos conteúdos e treine.

Vejo nas empresas iniciantes e facilitadores internos que vão atuando muitas vezes pela intuição e boa vontade, errando e acertando, sem que saibam fazer uma avaliação adequada de sua atuação. Pior do que isso, são aqueles que não fazem questão de melhorar e continuam "cumprindo tabela" sem a devida orientação e acompanhamento dos setores responsáveis. Parece que o caminho é fazer repasses sem o foco na aprendizagem. Ouço de alguns: "Repassei, fiz a minha parte e cumpri a meta". Eu me pergunto: será que a meta é a aprendizagem? Ressalto que os treinamentos não podem se transformar em um momento em que os participantes se sentam para ver e ouvir o facilitador simplesmente ficar falando.

Entendo que abrir caminhos para a aprendizagem significa colocar todo o seu conhecimento e habilidade à disposição do grupo no sentido de estimular o participante a querer aprender. Segundo Paulo Freire, "Conhecimento não se transfere, conhecimento se constrói". Mas como construir esse processo de levar cada participante a querer aprender? Desafios. A cada trabalho eu me transformo e me vejo com mais condições para contar minhas histórias. Fato é que experiência conta e, bem mais que transmitir conteúdos, é preciso levar o participante a comprar a ideia e a usá-la no dia a dia, pois o que é usado fica, o que não serve vai sendo descartado.

Platão já dizia que a aprendizagem ocorre quando há mudança de comportamento. Verdade: se não houver mudança, não houve aprendizagem. Como poderá haver mudança se os participantes não aprenderam? O interessante é que a mudança não ocorre e muitos facilitadores continuam fazendo tudo do mesmo jeito.

Cabem aqui algumas reflexões: Quais posturas precisamos mudar? Pergunte às pessoas como andam suas apresentações e seus treinamentos. Coloque-se do lado de lá e procure perceber como o participante se sentiu durante a apresentação. Você usou recursos para dinamizar a apresentação e energizar o grupo? O que indica que houve aprendizagem?

Acredito que se agirmos da forma acima descrita, seja um bom começo para abrir caminhos para a aprendizagem.

Abrir caminhos para a aprendizagem significa trabalhar também no sentido de estabelecer confiança com o cliente que te contrata e com os participantes. Sabe-se que a confiança é a base dos relacionamentos e, nos grupos, posso afirmar que acontece da mesma forma. A falta ou a quebra de confiança custa caro para as empresas. É só olhar, por exemplo, as consequências na relação chefia /colaboradores, colaboradores/colaboradores e setores/setores.

A quebra de confiança vai acontecendo com a prática de pequenas e grandes mentiras, incoerências, fofocas, espertezas, ciúmes, compromissos não cumpridos, traições, "puxadas de tapete" e comportamentos nada éticos. Se as pessoas não se importam em fazer depósitos de verdades, coerência, respeito ao outro, cumprimento de compromissos, cooperação, amor e ética, faltará sustentabilidade nas relações.

Há pessoas que são grandes artistas na arte de jogar a culpa nos outros e nas circunstâncias que acabam não sendo também nada confiáveis. Tem outras que falam uma coisa na sua frente e fazem outra assim que viram as costas. Infelizmente, estamos carentes de confiança nos nossos relacionamentos em geral. Quantos abalos, por diversos motivos, acontecem!

Quando o facilitador começa um relacionamento com um cliente que o contrata e um trabalho nos grupos, ele deve, desde o início, construir uma base sólida na relação, que deve se pautar fundamentalmente na transparência para que haja o estabelecimento de confiança.

Já ouvi o renomado Roberto Crema dizer em seus seminários que confiar é "fiar junto", e isso é uma grande verdade. Quando "se fia" junto, há comprometimento e fidelidade e os resultados são consistentes e transformadores. O facilitador que busca fazer isso poderá conduzir com muito mais tranquilidade e segurança os seus processos pessoais e de trabalho.

O facilitador que trabalha o seu SER aprenderá a lidar melhor com suas decepções e mais assertivamente com os outros, estimulando novas frentes de oportunidades que estimulem o resgate e a construção da relação de confiança nos diversos grupos.

É possível? Sim. Se eu não acreditasse na possibilidade, estaria condenando o ser humano a não "fiar junto" com outro ser humano.

# Capítulo III

# "No Palco"

Depois de todo o planejamento e uma preparação exaustiva, é hora do tão esperado encontro. Normalmente, o facilitador, mesmo o experiente, vive inquietações e momentos tensos antes da apresentação. Chegou a hora de demonstrar todas as misturas que sabe fazer com seu **SER, SABER E SABOR** para lidar com as diversas situações e estimular o participante a querer aprender.

O palco poderá ser realmente um palco, onde você terá 100, 200, 500 pessoas à sua frente para fazer uma palestra. Poderá, ainda, ser uma sala de aula, onde ministrará uma palestra ou um curso. Uma pequena sala com uma mesa onde você atenderá alguém, um treinamento no próprio local de trabalho, uma venda, um atendimento ao cliente interno/externo ou você líder fazendo reuniões com a própria equipe. O palco é o seu local de trabalho e todas as luzes estarão com foco em você.

Além dos temores de cada facilitador, normalmente há uma grande ansiedade porque do lado de lá estão os outros. Será que tudo dará certo?

Participantes conhecidos ou não, superiores ou colegas de trabalho, certamente o seu comportamento pautado pelo **SER, SABER E SABOR** será vital para que possa apresentar-se com excelência em cada encontro.

## 01. OS ENCONTROS NOSSOS DE CADA DIA – COMO LIDAR COM OS PARTICIPANTES?

O que acontece quando as pessoas se encontram? Mesmo que se vejam sempre ou que seja o primeiro contato? Todos os grupos quando se encontram, se conhecendo ou não, passam por fases distintas; e em cada uma das fases, geralmente apresentam um conjunto de comportamentos peculiar, cujos motivos variam de pessoa a pessoa.

### A) A CHEGADA

Segundo Schutz, é a fase do grupo chamada Inclusão.

Os participantes vão chegando e o Facilitador geralmente fica naquela expectativa: como será o grupo? Há certa ansiedade e nervosismo até "sentir" melhor quem são aqueles que chegaram. Momento de inclusão.

Eu começo a ficar atenta ao jeito que as pessoas chegam: uns desconfiados, assustados, outros sorridentes procurando um conhecido, outros se agrupando e outros indo para o "fundão". Observo ainda que a fala quase sempre é mais baixa e os olhares indiretos. Há silêncios, um rabisca um papel, outro mexe no celular e há uma inquietação velada até começar a quebrar o gelo.

Os participantes também acabam ficando incomodados com o Facilitador e com os próprios colegas. Muitos questionamentos se passam pela cabeça de cada um e isso só vai melhorando depois de um tempo.

Há treinamentos em que as pessoas são convidadas e comparecem satisfeitas porque realmente querem estar lá. Outros são convocados e intimados. Se não comparecerem, terão alguma punição. Estes chegam ao local "daquele jeito": morrendo de raiva do chefe, do RH e do Facilitador. Reclamam, colocam a culpa nos outros, falam mal da empresa e muitas vezes são mal-educados mesmo.

Tem acontecido muito também muitas turmas em que o participante não sabe o porquê de estar ali e nem o nome do curso que foi fazer. No começo, quando pergunto algo sobre o assunto, vejo olhares estranhos e pessoas com um riso sem graça já dando os primeiros sinais de que nada sabem e que ninguém falou sobre o que foram fazer ali. Outros já falam que o RH e o chefe fizeram o convite de última hora e não deram mais informações.

Seja lá de que forma as pessoas foram parar dentro de uma sala de aula, o Facilitador deverá ser hábil para lidar com a mistura de sentimentos e comportamentos variados dos participantes. É nessa hora que vejo o tanto que é importante preparar as pessoas para que estejam ali, e como essa preparação é deixada de lado. Parece que tudo é mais importante que o Treinamento.

Quando falo em preparação, refiro-me a um trabalho de sensibilização para que as pessoas entendam a ação de treinamento como uma oportunidade de crescimento e aprendizado e não como uma obrigação ou até punição. Que a chegada seja amenizada de tantas incertezas e que cada um esteja no rumo que considera o seu.

Os profissionais de RH e as chefias devem assumir o comando no sentido de serem mais claros e criarem estímulos para que as pessoas sejam mais receptivas e comprometidas com todo o processo de desenvolvimento nas empresas. A falta de exemplo e o descrédito em treinamentos dos próprios superiores interferem negativamente nos resultados e provocam enfrentamentos que não somam, mas que se traduzem em queixas intermináveis e acusações doentias que só provocam descontentamentos e conflitos internos.

## B) INDO EM FRENTE COM A TURMA E CONTINUANDO O TRABALHO

Depois da chegada dos participantes e de ter começado o treinamento, as coisas vão se esclarecendo, se aquietando e os rumos sendo definidos, ou simplesmente tudo demora a se ajeitar. Pode ser uma verdadeira turbulência para o Facilitador e para os participantes. Momento de controle.

Muitas situações são vivenciadas nos grupos com os quais tenho trabalhado e cada um representa um desafio e realidades distintas. "Saias justas" aparecem com frequência. O que fazer? Como lidar com as situações difíceis e as personalidades presentes? O facilitador deverá ficar muito atento a tudo que acontece no grupo.

Normalmente, as dificuldades mais fortes aparecem depois de certo tempo de convivência, quando o participante se sente mais confiante para delimitar seu território, fazendo alianças ou travando disputas. As falas passam a ser já de forma mais aberta ou velada e o participante é capaz de manifestar seus descontentamentos e verdades.

Às vezes, torna-se estressante ter que administrar os conflitos no grupo, lidar com aquele participante que faz perguntas inconvenientes, aquele que te desconcerta e que te faz perder a respiração e contar até 11 para não "rodar a baiana". Sim, acontecem muitos casos desagradáveis e desconcertantes. Há enfrentamentos e falta de ética e de respeito que aparecem em todos os níveis profissionais, desde o doutor à mais simples função. E quantos ditos "doutores" e estudados são extremamente mal-educados em situações de treinamento...

Poderia citar vários exemplos, bons e ruins, mas escolhi algumas situações que tenho encontrado com certa frequência nos grupos e que podem tirar o "prumo" de muita gente. O fato é que nesta fase tudo é mais forte.

**Os atrasados**

Você sabia que tem gente que ainda acha chique chegar atrasado, inclusive nos treinamentos, e acha ruim não ter alguns minutos de tolerância? Por várias vezes tive que atrasar treinamentos porque o presidente, o diretor ou o gestor quer fazer a abertura ou participar, mas se atrasa, deixando todo mundo esperando

até por 1 hora. Tudo parece mais importante e urgente que o treinamento.
Na medida do possível, procuro fazer tudo dentro dos horários combinados. Assim que é oportuno, faço logo o contrato de funcionamento do grupo acertando como será tudo nos dias do treinamento. Ressalto que em alguns casos, dependendo do grupo, mesmo com o contrato, as regras não são cumpridas, incluindo superiores que não conseguem ser exemplos.

*A orientação é: vá em frente e não fique retornando às explicações ou orientações. Continue e saiba que o Facilitador há de ter muita flexibilidade para contornar os atrasados que chegam sempre depois do que foi combinado.*

**O entra e sai**
É comum em alguns tipos de grupos ter que lidar com aquele participante que entra e sai o tempo todo para ir lá fora conversar com alguém, atender celular, resolver as urgências e falar com o chefe. Esse tipo parece que faz questão de ignorar as normas e os contratos. O foco é centrar em suas próprias necessidades, ou como costumam dizer, "são as necessidades da empresa, do negócio".

Na verdade, parece mesmo é ter uma necessidade grande de se afirmar perante o grupo ou se mostrar que é insubstituível e muito importante, menosprezando os treinamentos e as pessoas. Constrangedor falar assim, mas é o que parece.

*Esse tipo precisa aprender com urgência que quando estamos em grupo, as necessidades são sim diferentes, porém, a falta de postura profissional revela o quanto certas pessoas precisam se perceber um pouco melhor e que o planejamento precisa ser exercitado.*

**O conectado na rede**
Sem sair da sala, há participantes que atendem seus celulares na própria sala e conversam como se nada estivesse acontecendo. Outros, com seu note-

book, iPhone ou iPad, acessam as redes sociais e ficam resolvendo problemas externos e fortalecem o conceito do presenteísmo; e ainda saem falando que treinamento não adianta, que o treinamento não atendeu as expectativas.

*O Facilitador deve cuidar bem de certos itens ao fazer o contrato do grupo, sob pena de enfrentar problemas difíceis de serem contornados.*

**Os conectados... lá fora**

Aqueles que trabalham na área de vendas e ganham comissões quase sempre dizem não poder perder o negócio e por isso estão conectados lá fora.

Os que trabalham com urgências, a situação é sempre urgente. A verdade é que a autossuficiência e as resistências que pairam em alguns tipos de grupos dá até tristeza! Acabam se mostrando desconectados do treinamento e criando distanciamentos e antipatias no grupo. Entram e saem toda hora.

*O Facilitador não se deve deixar abalar por esse comportamento e, ao contrário, deve focar-se nos que realmente estão presentes.*

**Os superiores**

Há também os superiores chefes, os diplomados recém-saídos das faculdades, os que estão fazendo uma Pós ou os profissionais que têm uma postura de superioridade e "se acham", como se diz na linguagem mais popular.

*Difíceis de lidar e não conseguem perceber que uma pitada de humildade e de bom senso faz bem em quaisquer circunstâncias de vida.*

**O "puxa-saco"**

Quando se fala em sigilo das coisas que são tratadas no grupo, há aqueles puxa-sacos que ao primeiro intervalo correm para dar as últimas notícias às chefias ou superiores.

Literalmente, há quebra de confiança e gera fortes constrangimentos no grupo.

*Mais um risco que se tem que correr e saber contornar.*

### O mal-educado

Pessoas antipáticas, mal-humoradas e mal-educadas, quase capazes de minar todas as ótimas energias, aparecem sempre nos grupos. Difícil demais! Respire fundo, seja educado e não entre em sintonia com o que há de negativo. Coloque em cena a sua capacidade de administrar tudo isso e "bola pra frente".

Tem aqueles também, que não participam, reclamam de tudo, colocam a culpa no outro e na empresa ou são polêmicos demais. Há os que dormem, se irritam ou se assustam quando são "incomodados" com as atividades participativas.

*O fato é que a entrada ou saída de alguém no grupo poderá fazer diferenças significativas no grupo e na forma de encaminhamento pelo Facilitador.*

### Sintetizando tudo...

Do sabe tudo ao mais tímido, do engraçado ao mais sério, do perguntador ao desinteressado, do muito importante ao mais humilde, cada um tem um papel no grupo. Cabe ao facilitador procurar agir de forma profissional e com bom senso.

Vale aqui deixar um alerta às "estrelas participantes": cuidem do seu brilho para que ele não seja ofuscado pela falta de educação, nariz empinado e, afinal, pela péssima postura profissional.

Foram tantas vezes e tão complicadas as situações que enfrentei, que nem sei como já consegui sair de tantas emboscadas armadas nos grupos; mas o importante é que a prática no decorrer dos anos e a troca com facilitadores experientes e verdadeiros mestres que passaram pela minha vida foram me ensinando e revelando algumas fórmulas não descritas em livros que certamente são melhores aplicáveis a determinadas realidades.

Adoto a postura de me concentrar naquilo que há de bom e naqueles que podem agregar valor, sem, contudo, ignorar as situações e os participantes difíceis que a cada dia aparecem nos trabalhos. Confesso que em alguns momentos é desgastante investir tanto e observar que há aqueles que realmente têm reações de passividade e não querem mudar Independente é que possam aplicar de alguma forma mesmo que seja 1%.

Seria injusta se não fizesse referência aos muitos participantes comprometidos e encantadores que tenho encontrado, pessoas que ajudam e apoiam incondicionalmente. Chego a sentir que muitos são colocados no meu caminho para serem o meu anjo da guarda e o suporte para o fortalecimento da crença de que vale a pena continuar em frente.

Portanto, os enfrentamentos e as "saias justas" aparecem no grupo, mas bons momentos também. Destaco, a seguir, dois momentos maravilhosos que a Vida tem me proporcionado por trabalhar por e para grupos:

### C) MOMENTOS DE AFEIÇÃO E OBRAS DE ARTE

Neste momento, os participantes normalmente estão mais à vontade uns com os outros e é uma das fases mais produtivas. Quase hora das despedidas, trocas de endereços e eu costumo dizer que é a hora também das confecções e apresentações de obras de arte.

Cada um de nós é capaz de realizar várias obras de arte, seja individualmente, em duplas, trios ou grupos maiores. Muitas vezes, por inúmeros motivos, deixamos de acreditar em nós mesmos e permitimos que nossas potencialidades adormeçam. Será que você já se deu conta disso? Consegue perceber e enumerar pelo menos algumas de suas obras de arte? Comece a fazer isso e ficará surpreso. Simples exercícios durante todo o processo podem melhorar imensamente as competências das pessoas e fazer transformações incríveis em cada um.

Tenho oportunidades de presenciar a construção de muitas obras de arte e vejo isso acontecer com frequência, principalmente durante os treinamentos para facilitadores.

Um exercício que incentivo são as apresentações não dominantes. Os participantes individualmente ou em duplas escolhem um tema não dominante em revistas, como Veja e Isto é, e trabalham no planejamento, preparam-se e fazem a apresentação. Fico boquiaberta com os resultados e eles também.

Os participantes vão se superando através de vários exercícios, orientações e feedback, e nos momentos finais eles conseguem sentir para valer o crescimento e o valor da obra.

O valor da obra também se dá em função do grau de compromisso do grupo. A maioria tem apresentado bastante comprometimento e os resultados me fazem acreditar cada vez mais que a função do facilitador é liberar a energia das pessoas no processo de crescimento e alcance de metas.

### D) HORA DE TERMINAR, DAR "TCHAU" E UM FORTE ABRAÇO

Momentos finais do grupo.

Os momentos finais fortalecem a crença e a certeza de que vale a pena investir e estimular o outro a acreditar que é possível. Sinto-me orgulhosa por ver obras de arte tão criativas e a satisfação estampada em vários rostos, fortalecendo o sentimento de que cada um é muito capaz e que as barreiras podem ser vencidas.

É a hora de trocas de endereços, despedidas, dizer tchau, dar um abraço e agradecer a todos e a cada um a contribuição e as experiências vivenciadas.

Segundo Áurea Castilho, em seu livro Liderando Grupos, quanto maior for o nível de envolvimento afetivo do grupo, maior o estado de coesão grupal e o seu término, sobretudo se for uma separação terminal, mais sofrido e doloroso será.

Para cada fase descrita, o facilitador há de estar atento para conduzir da melhor forma todo o processo vivenciado pelo grupo.

# Capítulo IV
# "A Utilização de Técnicas Vivenciais em Treinamento"

## 01. TÉCNICAS VIVENCIAIS

### A) AJUSTANDO A TERMINOLOGIA

Qual o termo correto a ser usado? Técnica vivencial, dinâmica de grupos, vivência, exercícios vivenciais ou jogo de empresa. São sinônimos?

O especialista e renomado formador em Dinâmicas de Grupo William Neves, em seu livro "Metodologia Integrativa – Win em Técnicas Vivenciais", diz *"que não existe uma norma técnica no Brasil que defina os termos, e eles são utilizados de forma livre por cada autor"*.

Já a também especialista de competência largamente reconhecida, Maria Rita Gramigna, diz em seu livro Jogos de Empresa e Técnicas Vivenciais que *"há diferença entre vivência e jogo"* e que, de acordo com Dilthey, *"vivência é o instante vivido"*. Todo jogo implica uma vivência, mas nem toda vivência é um jogo.

Para melhor compreensão, no escopo deste livro os termos serão utilizados da seguinte forma: técnica vivencial, dinâmica de grupo, vivência ou exercícios vivenciais. O termo jogo será usado quando a atividade for determinada pelas regras e estas contiverem pontuação que permita definir vencedores e perdedores.

## B) O QUE SÃO TÉCNICAS VIVENCIAIS?

"Vivendo e aprendendo" é uma expressão muito ouvida e que traduz de forma simples o que é uma técnica vivencial: *"Fazendo, se aprende melhor"*.

A sabedoria milenar do mestre Confúcio nos ensina: *"O que ouço, esqueço. O que vejo, lembro-me. O que vivencio, faço"*. Portanto, através do "fazer" abrem-se caminhos para a internalização do Conhecimento.

*As técnicas vivenciais são exercícios e atividades previamente elaboradas que se utilizam de recursos que colocam as pessoas em contato com situações semelhantes àquelas com as quais convivem ou vão conviver, em que, também, possam-se observar e ser observadas com o objetivo de refletir e buscar melhores níveis de desempenho pessoal ou profissional* (Maria Rita Gramigna, em Jogos de Empresa e Técnicas Vivenciais). Com base nessa assertiva, a compreensão do conceito que ampara as técnicas vivenciais é muito facilitada, como a seguir será explorado.

As técnicas vivenciais estimulam o aprendizado, dinamizam uma discussão, integram os participantes, desenvolvem a participação, transmitem informações e clarificam situações. Os participantes têm a oportunidade de desenvolver e fixar os conceitos abordados através de atividades em grupos, utilizando simulação de situações enfrentadas no dia a dia, exemplos práticos vivenciados pelas pessoas e a troca de informações e experiências, visando a formação e o desenvolvimento das equipes e de seus membros.

As técnicas vivenciais ensinam, despertam a curiosidade e instigam o desejo de ir além. Educam para a vida e para novos relacionamentos, o que confirma o que Rogers diz: que ensinar é mais que transmitir conhecimento É desafiar a pessoa a confiar em si mesma e a dar um novo passo em busca de mais. ROGERS (1997) entende que: "aprendizagem significativa é aquela que provoca uma modificação, quer seja no comportamento do indivíduo, na orientação da ação futura que escolhe ou nas suas atitudes e na sua personalidade".

Com a utilização de técnicas vivenciais, criamos estímulos e recursos que alimentam interesses e oferecem oportunidades de aprendizagem significativa com imaginação, reflexão e trabalho.

## C) ONDE SE APLICAM AS TÉCNICAS VIVENCIAIS?

Podem ser aplicadas em diversos contextos: em treinamento de pessoal, na seleção e avaliação de potencial, na pesquisa de clima organizacional bem como no levantamento de necessidades da organização, na busca de soluções criativas de problemas, no desenvolvimento do potencial criativo, na conscientização de papéis, na dinamização de palestras e em convenções e congressos. Ou seja, podemos trabalhar com as técnicas vivenciais em pequenos ou grandes grupos.

Têm sido utilizadas por inúmeras empresas, instituições, escolas e grupos. Embora apresentem melhores resultados com grupos menores, podem ser adequadas e aplicadas a grupos mais numerosos.

Há resistências quanto à sua realização, certamente devido à prática leviana de muitos que as aplicam, do que tenho sido, infelizmente, testemunha em não poucas vezes.

## D) QUAIS OS BENEFÍCIOS DAS TÉCNICAS VIVENCIAIS?

Entre os benefícios apontados, tanto por autores renomados, facilitadores quanto por participantes de programas que utilizam técnicas vivenciais, pode-se destacar com segurança:
- a possibilidade de maior compreensão dos conceitos abordados;
- a maior percepção do participante quanto à necessidade de um realinhamento de posturas e atitudes no trabalho de equipe;
- a redução do tempo do facilitador, já que a vivência favorece a compreensão rápida de conceitos;
- a maior possibilidade de comprometimento do grupo com mudanças que se façam necessárias;

- o reconhecimento do próprio potencial e das dificuldades individuais;
- o maior clima de motivação, afetividade e envolvimento;
- as possibilidades de integração entre os participantes;
- a harmonização dos hemisférios cerebrais
- a observação de vários comportamentos como, por exemplo: criatividade, flexibilidade, liderança, energia, agressividade, assertividade, comunicação, cooperação, trabalho em equipe etc.

### E) AFINAL: TÉCNICAS VIVENCIAIS SÃO BRINCADEIRA OU COISA SÉRIA?

A aplicação de uma técnica, quando não trabalhada adequadamente, é vista como brincadeira ou algo que não faz muito sentido. Os participantes podem até gostar, achar graça, mas a entenderão como uma simples brincadeira utilizada para descontrair o grupo e não deixar a apresentação monótona. O fato é que muitas vezes o facilitador não sabe como contextualizar e explorar uma técnica e os participantes, consequentemente, não conseguem fazer a ligação com o que estão aprendendo, ficando aquela sensação de que "não entendi" ou "não fez o menor sentido".

O facilitador de grupos deve ser o primeiro a acreditar e qualificar a técnica vivencial, se optar por utilizá-la. Ao fazer referência a ela, não tratá-la como brincadeira para que seu trabalho não seja desqualificado. Infelizmente, é comum ouvir facilitadores falarem: "Agora farei uma brincadeira que...".

Quero reforçar que, ao utilizar a técnica vivencial, o profissional deve estar ciente de que é recomendável que tenha uma formação específica para trabalhar com grupos, ou seja, conhecer sobre a fundamentação metodológica e seus principais autores: A Teoria dos Jogos (David A. Kolb), Dinâmica de Grupo (William Schutz), Ciclo de Aprendizagem Vivencial, que é a base de aplicação dos jogos (Pfifer & Jones), Construtivismo (Jean Piaget), Princípio Biocêntrico, que é a Teoria Viva (Rolando Toro), os estudos do Potencial Humano (Rogério Sperry e Nedito Hermann) e os instrumentos de Criatividade da Tecnocreática (Edward de Bono, John Kao e David de Prado).

É importante o planejamento de cada atividade e ter clareza do que se objetiva, observando os indicadores que se quer explorar. Por maior que seja o "sufoco" ou desespero, você, que é Facilitador sério, mantenha-se como um profissional ético, jamais aplicando e "queimando" uma série de técnicas para passar o tempo, fazendo "marola", e que não faz, portanto, o menor sentido.

Ao planejar, cabe lembrar que os conteúdos devem ser organizados de forma progressiva bem como os exercícios que for utilizar. Sempre que for aplicar uma técnica pela primeira vez, analise bem o objetivo, a aplicabilidade, os indicadores observáveis e as instruções que dará ao grupo. Seja especialmente rigoroso nesses cuidados.

Exercícios adicionais também devem fazer parte do planejamento do Facilitador e de todos os recursos necessários providenciados com antecedência. A percepção e flexibilidade do Facilitador serão fundamentais para saber o momento certo de fazer os ajustes e as modificações que forem necessárias.

Finalizando e destacando o fulcro da questão: a utilização de técnicas vivenciais num grupo poderá ser sim uma simples brincadeira, ou então uma ferramenta poderosa de aprendizagem. Tudo dependerá da forma como será conduzida.

## F) COMO ESCOLHER UMA TÉCNICA VIVENCIAL?

O meu aprendizado com meus formadores e a experiência que venho acumulando nas múltiplas aplicações das Técnicas Vivenciais, autorizam-me a oferecer o seguinte elenco de cuidados essenciais para uma escolha racional e consistente de que técnica deva ser usada:

- É preciso ter claro qual será o foco, qual o tema trabalhado.
- Pondere cuidadosamente sobre o objetivo e os indicadores da técnica.
- Considere o número de participantes, pois isso interfere diretamente no resultado.
- Seja muito cauteloso(a) quanto à duração da atividade. O melhor é que dure entre 20 e 40 minutos. Quando a técnica for longa, faça um planejamento mais detalhado de como explorá-la, lembrando-se sempre de administrar bem o tempo.
- Leve em consideração as características do grupo (psicológicas, grau de confiança e liberdade).
- Analise sempre as muitas características dos participantes, tais como idade, cultura, escolaridade, tempo de experiência em atividades vivenciais e tudo o mais que couber como elementos de sustentação da eficácia do emprego das Técnicas Vivenciais.
- Verifique as fases do grupo.
- Leve em consideração a tarefa subsequente e seu objetivo.
- Avalie o espaço físico e a sua flexibilidade de uso.
- Verifique os recursos disponíveis

É importante ressaltar que, através de cada técnica vivenciada, o participante pode ser conduzido a processos de abertura de novos caminhos, ensejando a possibilidade de repensar comportamentos e obter novas aprendizagens.

### G) ALERTA AOS PROFISSIONAIS QUE APLICAM AS TÉCNICAS VIVENCIAIS

Recomenda-se, fortemente, a observância escrupulosa dos seguintes fatores:
a) Os profissionais devem conhecer profundamente sobre o comportamento humano, agindo com respeito, não rotulando e discriminando as pessoas.

b) Devem dominar a técnica para que possam interpretar e avaliar o mais corretamente possível os comportamentos observados.
c) Escolher a técnica de acordo com o contexto trabalhado. Muitos profissionais fazem as escolhas sem saber efetivamente quais são os objetivos, a aplicabilidade e os indicadores. Ou até a escolhem porque é a que mais agrada.
d) Comprar um livro de dinâmica de grupo ou pedir a alguém que indique uma técnica não quer dizer que saberá aplicá-la.
e) Aplicar uma técnica somente para fazer o grupo se movimentar não é o suficiente para obtenção de resultados concretos.
f) As questões éticas: alguns aspectos éticos muitas vezes são desconhecidos pelos aplicadores das técnicas.

Inspirados por esses parâmetros, devemos utilizar as técnicas vivenciais com responsabilidade, precedidas e acompanhadas de uma sólida fundamentação teórica. Saliento que a formação do profissional na área de Humanas e em condução de grupos é fundamental.

## 02. CICLO DE APRENDIZAGEM VIVENCIAL

Como já comentado nesta obra, não basta aplicar a técnica e pronto. É preciso ter preparação e saber explorá-la.

Uma metodologia muito utilizada para explorar técnicas vivenciais é o Ciclo de Aprendizagem Vivencial – CAV

O Ciclo de Aprendizagem Vivencial – CAV – tem sua origem nas pesquisas de David Kolb (1990), psicólogo norte-americano. Para o autor, a noção de criação e transferência de conhecimento é muito mais do que uma mera reprodução. É um processo que passa pela reflexão, crítica e internalização do que é vivido.

O CAV ocorre quando uma pessoa se envolve numa atividade, analisa-a criticamente, extrai algum *insight* dessa análise e aplica seus resultados. Esse processo é vivenciado espontaneamente no dia a dia, mas também pode ser criado em situações controladas, visando alcançar focos de aprendizagem específicos.

O CAV (Ciclo de Aprendizagem Vivencial) possui etapas a serem vivenciadas pelos participantes e permite não só trabalhar os conceitos, mas também envolver as experiências e o afeto das pessoas, de forma a promover verdadeiras mudanças de comportamentos.

**ETAPAS DO CICLO DE APRENDIZAGEM VIVENCIAL**

**Vivência**
É o primeiro momento do C A V. O Facilitador convida os participantes a fazerem a atividade e dá as instruções. É a aplicação da técnica para que os participantes façam uma determinada tarefa e vivenciem uma situação.

**Relato**
Após a vivência, cada participante consequentemente teve um sentimento ou sensação. Por exemplo, alguns sentiram medo e ficaram ansiosos, outros ficaram cheios de energia e felizes. É, portanto, o momento em que o Facilitador deve estimular as pessoas a demonstrarem seus sentimentos e sensações.

O Facilitador pode estimulá-las a dizer o que sentiram utilizando recursos, tais como: pedir que façam um desenho que represente o sentimento, escrever o que estão sentindo, figuras e fotos, gestos, cartazes e símbolos. Esses recursos ajudam a traduzir o clima de trabalho, do jogo ou da vivência, e através deles é possível começar a fazer uma análise de clima das pessoas envolvidas.

Normalmente, observa-se certa dificuldade quando as pessoas vão falar dos sentimentos. Há uma tendência a fugir ou a já começar a explicar o ocorrido. De forma tranquila e sutil, o Facilitador deve ir fazendo intervenções e voltando ao foco.

Na impossibilidade de explorar todas as etapas do CAV, pelo menos o relato deve ser feito, seguido dos comentários e das conclusões cabíveis.

## Processamento

É o terceiro momento do CAV. Considerado uma das fases mais importantes, é quando o Facilitador abre espaço para que as equipes possam analisar suas *performances*. Em outras palavras, é o momento de identificar as competências, falhas e pontos fortes dos participantes. Tudo isso pode ser feito com o uso de roteiros para a discussão individual, em equipes e a apresentação de conclusões em painéis.

O papel do Facilitador é muito importante nesta etapa. Deve ser paciente, ouvindo o grupo e evitando apresentar sua conclusão antecipadamente para não tirar a oportunidade de o grupo aprender com seus erros e acertos.

A aprendizagem vivencial prevê que cada pessoa passe pela experiência e forme seus conceitos.

## Generalização

Chegou a hora de colocar os "pés no chão", voltar para a realidade e estabelecer as comparações do que ocorreu no exercício vivenciado com a realidade empresarial. É o momento de identificar semelhanças e divergências do exercício com o cotidiano.

Surgem as "grandes sacadas e o aprendizado pela vivência". Nesta fase, as pessoas entendem os motivos da atividade lúdica e que, aparentemente, não tinham nada a ver com o trabalho ou a função de cada um. Se esta fase for bem trabalhada, o Facilitador obterá um diagnóstico da realidade do grupo.

Este momento é ideal para a introdução de temas, de informações técnicas ou de referencial teórico, no caso de treinamento e desenvolvimento.

## Aplicação

Trata-se do momento de estabelecer o compromisso com as melhorias, mudanças e planejar novos rumos. Isso deve ser feito pelos próprios participantes e pode ser efetivado através de contratos individuais, planos em equipe, elaboração de metas e resultados e onde os planos podem ser definidos em equipe ou realizados individualmente.

Para finalizar, o Facilitador encerra a atividade ressaltando fatos importantes ocorridos durante a vivência e anotados por ele, de forma que conclua o assunto. A fala deve ser breve e alguns itens podem ser salientados, como, por exemplo, as competências evidenciadas pelas equipes, o estímulo a mudanças e melhorias a partir da vivência e a qualificação do trabalho desenvolvido.

Quando planejamos exercícios vivenciais, considerando as cinco fases do CAV, proporcionamos aos participantes a oportunidade de usar plenamente seu potencial. Estimulamos o acionamento do hemisfério direito nas fases de vivência e do relato de sentimentos e o esquerdo nos momentos de avaliação, análise e analogias. Fechando o ciclo, os dois hemisférios harmonizados propiciam um comportamento final pautado pelo compromisso não somente racional, mas também emocional.

Através da figura abaixo que foi retirada da Internet, sem que se pudesse obter crédito de autoria, pode-se visualizar bem o que é o CAV.

O CAV é perfeitamente aplicável em diversas situações no nosso dia a dia, como, por exemplo, na leitura de um texto, livro, vídeo, filme etc. Portanto, o facilitador pode explorar esta metodologia em diversos exercícios.

## POSTURA DO FACILITADOR

Eis algumas recomendações da conceituada Maria Rita Gramignia, facilmente aplicáveis e que conferem ao Facilitador uma atuação segura.

- Manter-se tranquilo(a) durante as exposições dos participantes.

- Ouvir a todos com atenção para poder explorar toda a potencialidade da técnica.
- Seguir as etapas do CAV com flexibilidade. Por exemplo, se alguém começar a processar na hora do relato, deixar o participante à vontade e, na primeira oportunidade, retornar ao relato dos sentimentos.
- Evitar antecipar conclusões pelo grupo, deixando que os participantes falem e, somente no final, se alguma coisa importante tiver passado em branco, o Facilitador faz um breve comentário.
- Planejar e preparar os roteiros com antecedência, de forma a explorar adequadamente a técnica.
- Realizar os painéis preferencialmente em círculo ou semicírculo.
- Preparar fechamentos sobre o tema central da vivência. Utilizar textos, slides ou flip chart para melhor fixação de conteúdos.
- Os fechamentos devem ser breves.

# Capítulo V

# "Criando e Recriando Ferramentas Saborosas – Da Aplicação à Realidade"

Neste capítulo, compartilho várias técnicas que criei e readaptei conforme as demandas dos grupos. Uma delas, "Computador Gostoso", foi criada quando fiz o curso de Formação em Técnicas Vivenciais e já foi apresentada pelos queridos autores William Neves e Rosângela Barros no Livro Metodologia Integrativa WIN em Técnicas Vivenciais.

Apresento ainda outra criada por mim em parceria com Patrícia Paulinelli Seba, e uma outra, Jogo de Lenços, que foi criada pela mesma, junto com Antonella Filomena Grossi Barreto, as quais merecem meu destaque.

Cada técnica faz parte dos enfrentamentos em vários treinamentos e tem uma história a ser contada. A primeira criada por mim, em parceria com Angelita Bento Silva, foi publicada no Livro de Jogos de Empresa, de Maria Rita Gramigna, quando fiz Formação de Jogos de Empresa em Goiânia. Grandes aprendizagens, momentos desafiadores e de superação!

No capítulo, com todo cuidado, fui registrando cada parte de tudo, com o objetivo de facilitar o entendimento e não deixar muitas dúvidas, para que você, colega Facilitador, possa se sentir mais confiante ao aplicar cada exercício.

É muito importante, quando você estiver lendo alguns deles, que fique atento, pois a princípio podem parecer muito simples e não fazer muito sentido. A ideia é mesmo adotar a simplicidade, uma das preocupações que tenho nos trabalhos que realizo. Parece que a simplicidade perdeu lugar e o que prevalece é a sofisticação por caminhos mais complexos, que raramente levam à aprendizagem real.

Minha opção é também por utilizar recursos acessíveis e não dispendiosos. Procuro ser mais prática para facilitar.

O fazer sentido de cada exercício se dará mediante a sua capacidade enquanto Facilitador quanto a trabalhar cada fase do Ciclo de Aprendizagem Vivencial, estabelecendo pontes e fazendo o fechamento.

Ao discorrer cada exercício, procuro deixar como sugestão formas para que o Facilitador trabalhe cada fase do CAV, porém lembrando-se de que devem ser contextualizadas conforme o assunto central.

Todas as técnicas foram testadas e podem ser aplicadas em vários contextos, dependendo do grupo, dos objetivos e dos indicadores que se quer trabalhar ou observar. Além disso, deve-se observar se o ambiente físico é adequado, o tempo, o público, o número de participantes e os recursos disponíveis.

Nos meus trabalhos, aplico muitas outras técnicas e exercícios interessantes, que fui aprendendo em treinamentos, com colegas e amigos da área. Através da leitura de vários e muitos autores, pude também ir me inspirando para fazer adaptações e, é claro, que a experiência me fez mais madura para ousar e superar os medos para inovar.

Vejo que alguns profissionais estão sempre em busca de técnicas diferentes e as novidades sempre serão bem-vindas. O que não podemos nos esquecer é que muitas técnicas podem ser utilizadas com pequenas modificações em vários contextos. Cabe ao Facilitador ficar alerta ao que acontece e ter segurança para ousar. Não costumo descartar as velhas pérolas. Quantas vezes elas são a nossa salvação? Quantas técnicas consideradas antigas podem ser perfeitamente adaptadas ao momento atual e continuam fazendo o maior sucesso? Observe-as sem desprezo.

Entendo que cada profissional deve ser capaz de sair da mesmice criando, recriando e aproveitando a contribuição que muita gente competente tem compartilhado. Pode ser, inclusive, que durante a leitura você se lembre de algo parecido e será natural, porque procurei me inspirar em tudo que tenho visto e aprendido, reinventando e agregando valor.

Optei por apresentar as técnicas seguindo um modelo estruturado para facilitar o entendimento e sua aplicação, lembrando que há outras formas de estruturá-las e trabalhá-las. É importante que cada profissional conheça outras metodologias e adote aquelas em que acredite e melhor se adeque.

Caso você queira criar alguma técnica vivencial, se utilizar o modelo que repasso, terá condições de aplicá-la com maior segurança. O planejamento ajudará você a entendê-la passo a passo. Como já mencionei, nem todas estarão descritas detalhadamente em todas as suas fases: VIVÊNCIA, RELATO, PROCESSAMENTO, GENERALIZAÇÃO E APLICAÇÃO.

Apresento também algumas sugestões de como fazer o fechamento de cada exercício.

Finalmente, convido você a pensar nos programas que desenvolve ou que pretende montar, analisando cada item exposto, para que minimize a margem de dúvidas e acerte no alvo que precisa atingir.

## A CORRIDA DE MOTOS

**OBJETIVO**
Possibilitar aos participantes o exercício lógico de pensar e trabalhar em equipe.

**INDICADORES**
- Atenção
- Percepção
- Raciocínio
- Liderança
- Trabalho em equipe

**APLICABILIDADE**
Seleção, Treinamento e Desenvolvimento

**TEMPO**
20 minutos

**MATERIAL**
Folha com instruções para cada participante.

**FASE DO GRUPO**
Controle

**DESENVOLVIMENTO**
- Dividir os participantes em quatro ou cinco equipes e dar as instruções.
- Cada equipe deve escolher o líder.
- Passar a folha de instrução para os líderes e todos devem começar juntos.
- Ganha a equipe que concluir primeiro.

**CICLO DA APRENDIZAGEM VIVENCIAL**

**RELATO:** Solicitar que cada equipe fale sobre seus sentimentos.

## Capítulo V – "Criando e Recriando Ferramentas Saborosas..."

**PROCESSAMENTO**: Espaço para falar sobre sua dificuldade e facilidade.

**GENERALIZAÇÃO**: Qual a semelhança da vivência com o dia a dia na vida de cada um?

**APLICAÇÃO**: O que faria diferente na próxima vez?

**Folha de Instruções**

Oito motos, de marcas e cores diferentes, estão alinhadas, lado a lado, para uma corrida. Estabeleça a ordem em que as motos estão dispostas, baseando-se nas seguintes informações:

1. A SUZUKI está entre as motos vermelha e cinza.

2. A moto cinza está à esquerda da YAMAHA.

3. A HONDA é a segunda moto à esquerda da SUZUKI e a primeira à direita da moto azul.

4. A Kawasaki não tem moto à sua direita e está logo depois da moto preta.

5. A moto preta está entre a Kawasaki e a moto amarela.

6. A BMW não tem moto alguma à esquerda e está à esquerda da moto verde.

7. À direita da moto verde está a aprilia.

8. A YAMAHA é a segunda moto à direita da moto creme e a segunda à esquerda da moto marrom.

9. A DERBI é a segunda moto à esquerda da DUCATI.

| ORDEM | MOTO | COR |
|-------|------|-----|
|       |      |     |
|       |      |     |
|       |      |     |
|       |      |     |
|       |      |     |
|       |      |     |
|       |      |     |
|       |      |     |

## RESPOSTA DO EXERCÍCIO

| ORDEM | MOTO | COR |
|-------|------|-----|
| 1º | BMW | AZUL |
| 2º | HONDA | VERDE |
| 3º | APRILIA | VERMELHO |
| 4º | SUZUKI | CREME |
| 5º | DERBI | CINZA |
| 6º | YAMARA | AMARELO |
| 7º | DUCATI | PRETO |
| 8º | KAWASAKI | MARROM |

(Adaptação do exercício "Corrida de Carros", que me foi repassado por ocasião de treinamento de que participei, cujo autor não me foi informado à época.)

## AMPLIANDO A PERCEPÇÃO

**OBJETIVO**

Proporcionar aos participantes a oportunidade de refletirem sobre a visão fragmentada que temos da realidade e as dificuldades que temos de sair do convencional.

## APLICAÇÃO
Identificação de Potencial, Treinamento, Desenvolvimento e Acompanhamento

## INDICADORES
- Integração
- Comunicação
- Atenção
- Percepção
- Mudança
- Liderança
- Trabalho em equipe

## MATERIAL
Reproduzir as figuras para cada grupo.

## FASE DO GRUPO
Todas as fases

## TEMPO APROXIMADO
Uma hora.

## DESENVOLVIMENTO

**1ª alternativa**
- Dividir os participantes em três ou quatro equipes.
- Cada equipe escolherá o nome.
- Explicar que cada equipe terá o desafio de ir além do que parece, para enxergar o que há nas figuras.
- O exercício será feito sem comunicação verbal.
- Passar uma figura de cada vez para o grupo (pelo menos seis figuras).
- As respostas deverão ser depositadas por cada equipe em cima da mesa do facilitador, e com o nome de cada uma.
- Ganhará a equipe que fizer maior pontuação.

**2ª alternativa**
- O facilitador poderá colocar uma figura de cada vez nos slides e dar um minuto para que todas as equipes façam as anotações ao mesmo tempo.
- Manter o exercício sem comunicação verbal e as outras orientações.

## CICLO DA APRENDIZAGEM VIVENCIAL

**RELATO**
Ouvir de cada equipe sentimentos e sensações.

**PROCESSAMENTO**
Solicitar que analisem o que ocorreu em cada fase do exercício. O que melhorou e o que piorou?

**GENERALIZAÇÃO**
Após as conclusões, comparar estabelecendo analogias com situações reais no trabalho.

**APLICAÇÃO**
Em círculo, discutir o que cada um pode melhorar no local de trabalho.

**FECHAMENTO**
Fazer uma exposição breve, sobre percepção e mudança, distribuindo um texto referente ao assunto.

**SUGESTÃO DE FIGURAS para serem repassadas aos grupos.**

**As figuras foram retiradas da internet.**

## APRESENTAÇÃO COM ASSINATURA

**OBJETIVO**
Permitir a apresentação pessoal bem como integrar e proporcionar ao participante o exercício de ir à frente.

**APLICAÇÃO**
Treinamento e Desenvolvimento

**FASE DO GRUPO**
Inclusão

**MATERIAL**
- Mural de características
- Flip Chart ou quadro branco
- Bastão

**TEMPO APROXIMADO**
- Uma hora

**DESENVOLVIMENTO**
Passar o mural de características para que o participante faça o planejamento de sua apresentação e dar a seguinte informação:
a) A apresentação será individual.
b) Terminando a apresentação, assinar o nome no flip chart ou quadro branco.
c) Passar o bastão para um colega.
d) Ao final, todos deverão repetir os nomes na ordem da apresentação.

**MURAL DE PLANEJAMENTO**
1. NOME:
2. ÁREA DE TRABALHO:
3. O QUE MAIS GOSTA DE FAZER NO SETOR:
4. POR QUE ESTÁ PARTICIPANDO DO TREINAMENTO:
5. EXPERIÊNCIAS COM FACILITAÇÃO DE GRUPOS:

## 6. SE TIVESSE QUE APRESENTAR UM TEMA AGORA, QUAL SERIA?

**CICLO DA APRENDIZAGEM VIVENCIAL**

**RELATO:** Perguntar: como se sentiram ao fazer a apresentação?

**PROCESSAMENTO:** O que aconteceu no momento da apresentação? O esquema, o papel, ajudou ou atrapalhou?

**GENERALIZAÇÃO:** No dia a dia, como fazemos nossos planejamentos? Há planejamento?

**APLICAÇÃO:** O que cada um deve procurar melhorar?

**FECHAMENTO:** Fechar falando sobre a importância do planejamento e sobre as diferenças individuais, fazendo referência às assinaturas escritas no flip chart.

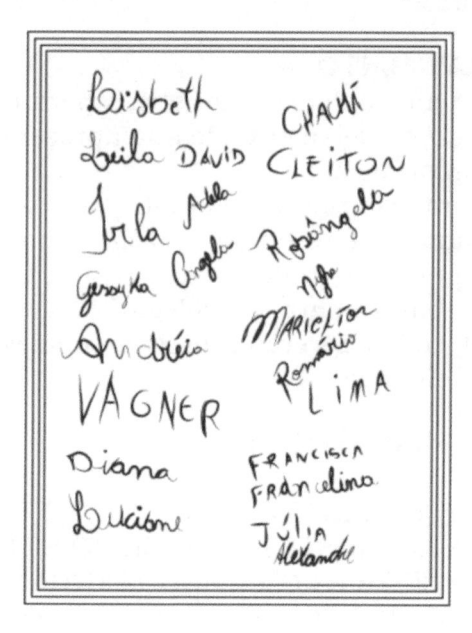

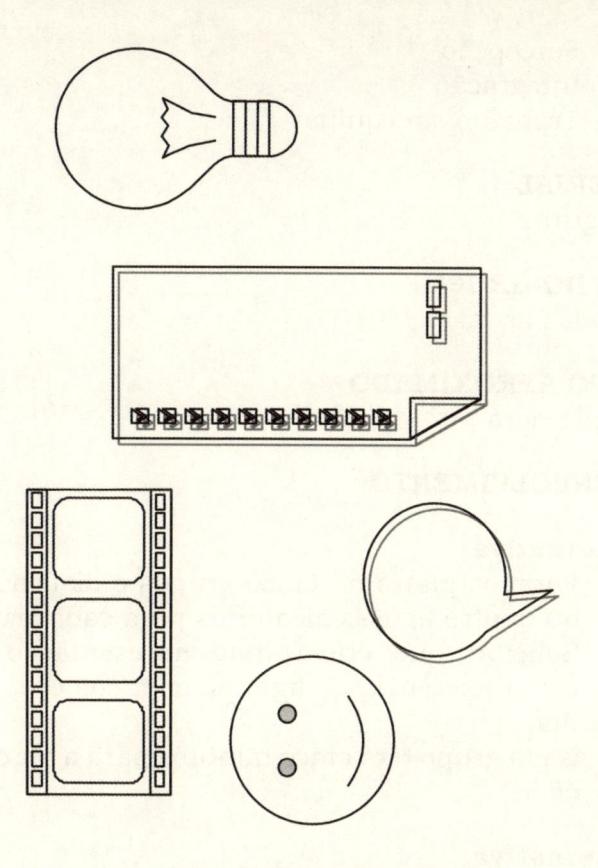

## APRESENTAÇÕES CRIATIVAS

**OBJETIVO**
Estimular o participante a planejar e a exercitar apresentações criativas em grupos.

**APLICAÇÃO**
Seleção, Treinamento e Desenvolvimento

**INDICADORES**
- Saber ouvir
- Comunicação
- Capacidade de argumentação
- Planejamento

- Percepção
- Integração
- Trabalho em equipe

**MATERIAL**
Figuras

**FASE DO GRUPO**
Todas as fases

**TEMPO APROXIMADO**
Uma hora

**DESENVOLVIMENTO**

**1ª Alternativa**
1. Formar quatro ou cinco grupos e distribuir três ou quatro figuras aleatórias para cada grupo.
2. Solicitar que criem uma apresentação tendo como referência as figuras, com começo, meio e fim.
3. Cada grupo terá cinco minutos para a apresentação.

**2ª Alternativa**
1. Solicitar que os participantes façam um círculo.
2. Distribuir as figuras e pedir que fiquem voltadas para baixo.
3. Em seguida, pedir aos participantes que saiam dos lugares e se misturem, ficando bem próximos uns dos outros.
4. Pedir que parem e segurem a pessoa mais próxima de si.
5. Assim as duplas estarão formadas.
6. A orientação é que criem uma apresentação inspirados nas duas figuras.

**CICLO DA APRENDIZAGEM VIVENCIAL**

**RELATO**: Palavra livre.

**PROCESSAMENTO**: Pedir que falem sobre suas dificuldades e facilidades.

**GENERALIZAÇÃO**: Como você se vê no trabalho? O que está positivo e negativo? Como foi a apresentação do grupo.

**APLICAÇÃO**: O que o grupo pôde aprender com a experiência?

**SUGESTÃO DE FIGURAS para serem repassadas aos grupos.**

## APRESENTAÇÕES ESTRUTURADAS

**OBJETIVO**
Permitir aos participantes treinar o repasse de apresentações já estruturadas e explorar diferentes recursos de aprendizagem.

## INDICADORES
- Fluência verbal
- Objetividade
- Clareza de ideias
- Persuasão
- Postura
- Espontaneidade
- Criatividade na resolução de desafios

## APLICAÇÃO
Seleção e Identificação de Potencial
Treinamento e Desenvolvimento

## MATERIAL
Material com os temas formatados para apresentações
Textos de apoio
Filmes

## TEMPO APROXIMADO
Uma hora e meia

## DESENVOLVIMENTO
1. O Facilitador pedirá seis voluntários para as apresentações formatadas.
2. O Facilitador repassa o material (já preparado) para cada um e fornece toda a orientação.
3. Cada apresentação terá a duração de cinco minutos.

## SUGESTÃO PARA AS APRESENTAÇÕES
1. Em duas apresentações, utilizar **slides e vídeo**.
2. Em outra, utilizar **slides e texto de apoio**.
3. Na outra, utilizar só **vídeo e anotações no flip chart ou quadro branco**.
4. Numa outra, só **exposição verbal**.
5. E na última, um **vitalizador**.

## CICLO DA APRENDIZAGEM VIVENCIAL

**RELATO:** Solicitar que os apresentadores falem sobre seus sentimentos.

**PROCESSAMENTO:** Espaço para os facilitadores falarem sobre suas dificuldades e facilidades.

**GENERALIZAÇÃO:** Qual a semelhança da vivência com o dia a dia na vida de cada um?

**APLICAÇÃO:** O que aprendeu com o exercício?

**FECHAMENTO:** Ressaltar que em algumas circunstâncias é necessário que o facilitador reproduza exatamente as informações como a empresa solicitou.

## AQUARELA DA EMPRESA

**OBJETIVO**
Promover a integração, aquecer e descontrair o grupo.

**APLICAÇÃO**
Treinamento, Desenvolvimento e Acompanhamento

**INDICADORES**
- Integração
- Comunicação
- Liderança
- *Feedback*
- Criatividade
- Trabalho em equipe

**MATERIAL**
Cópia da Música Aquarela – Toquinho
Aparelho de som

**FASE DO GRUPO**
– Todas as fases

**TEMPO APROXIMADO**
Uma hora

**DESENVOLVIMENTO**
1. Formar as equipes de forma que os colegas de mesmo setor fiquem juntos.
2. Distribuir uma cópia da música para cada grupo já dividida.
3. Cada equipe deverá compor uma parte da música que fale de seu setor de trabalho.
4. Antes da apresentação final haverá o ensaio geral.

*Aquarela*
   Composição: Toquinho / Vinicius de Moraes / G. Morra / M.Fabrizio

**Numa folha qualquer**
**Eu desenho um sol amarelo**
**E com cinco ou seis retas**
**É fácil fazer um castelo...**

**Corro o lápis em torno**
**Da mão e me dou uma luva**         SETOR 01
**E se faço chover**
**Com dois riscos**
**Tenho um guarda-chuva...**

**Se um pinguinho de tinta**
**Cai num pedacinho**
**Azul do papel**
**Num instante imagino**
**Uma linda gaivota**
**A voar no céu...**

Vai voando
Contornando a imensa
Curva Norte e Sul
Vou com ela
Viajando Havaí                                    SETOR 02
Pequim ou Istambul
Pinto um barco a vela
Branco navegando
É tanto céu e mar
Num beijo azul...

Entre as nuvens
Vem surgindo um lindo
Avião rosa e grená
Tudo em volta colorindo
Com suas luzes a piscar...

Basta imaginar e ele está                         SETOR 03
Partindo, sereno e lindo
Se a gente quiser
Ele vai pousar...

Numa folha qualquer
Eu desenho um navio
De partida
Com alguns bons amigos
Bebendo de bem com a vida...
De uma América a outra
Eu consigo passar num segundo
Giro um simples compasso
E num círculo eu faço o mundo...                  SETOR 04

Um menino caminha
E caminhando chega no muro
E ali logo em frente
A esperar pela gente
O futuro está...

E o futuro é uma astronave
Que tentamos pilotar
Não tem tempo, nem piedade                SETOR 05
Nem tem hora de chegar
Sem pedir licença
Muda a nossa vida
E depois convida
A rir ou chorar...

Nessa estrada não nos cabe
Conhecer ou ver o que virá
O fim dela ninguém sabe
Bem ao certo onde vai dar
Vamos todos                               SETOR 06
Numa linda passarela
De uma aquarela
Que um dia enfim
Descolorirá...

Numa folha qualquer
Eu desenho um sol amarelo
(Que descolorirá!)
E com cinco ou seis retas
É fácil fazer um castelo                  SETOR 07
(Que descolorirá!)
Giro um simples compasso
Num círculo eu faço
O mundo
(Que descolorirá!)...

**CICLO DA APRENDIZAGEM VIVENCIAL**

**RELATO:** Solicitar que cada equipe fale bem alto três palavras que representem o seu sentimento.

**PROCESSAMENTO**: Espaço para que os representantes de cada equipe falem sobre como foi o desenvolvimento do trabalho na equipe. Se for o caso, ouvir também alguns participantes sobre a atuação do líder.

**GENERALIZAÇÃO**: O que acontece no dia a dia entre as áreas? Como é a comunicação? O que é diferente no dia a dia? Está coerente a letra de cada área?

**APLICAÇÃO**: Qual a proposta de cada área? O que vocês querem mudar na letra da música?

**FECHAMENTO:** Para o fechamento é recomendável que o facilitador ouça atentamente todas as falas dos grupos, anote os pontos a ressaltar e ao final peça que todos cantem a música com a nova letra.

## ÁRVORE DO COMPROMISSO

**OBJETIVO**
Estimular o participante a repensar o seu nível de comprometimento pessoal e no trabalho.

**APLICAÇÃO**
Treinamento e Desenvolvimento

**INDICADORES**
- Comprometimento
- Saber ouvir
- Percepção
- Integração
- Trabalho em equipe

**MATERIAL**
Desenho reproduzido em slides inspirado na figura de um livro do qual não me lembro o nome.

**FASE DO GRUPO**
Todas as fases

**TEMPO APROXIMADO**
40 minutos

**DESENVOLVIMENTO**
1. Em círculo, pedir que cada um escolha um número que tenha a ver com o seu momento.
2. Agrupar os participantes por números escolhidos.
3. E, de pé, pedir que conversem sobre os motivos de suas escolhas.
4. Cada grupo faz a apresentação.
5. Logo em seguida, faz-se o CAV no momento do processamento a parte teórica, enfatizando sobre os níveis de comprometimento.

**CICLO DA APRENDIZAGEM VIVENCIAL**

**RELATO**: Palavra livre.

**PROCESSAMENTO**: Pedir que falem sobre suas dificuldades e facilidades.

**GENERALIZAÇÃO**: Como você se vê no trabalho? O que está positivo e negativo?

**APLICAÇÃO**: O que você se propõe a fazer?

**SUGESTÃO DA FIGURA para que os participantes façam as escolhas.**

## AS TRÊS PERGUNTAS QUE FALTAVAM

**OBJETIVOS**
Promover a reflexão e a busca de respostas sobre situações vivenciadas pelos grupos.
Exercitar o *feedback*.

**APLICAÇÃO**
Treinamento, Desenvolvimento e Acompanhamento

**INDICADORES**
- Administração de conflitos
- Saber ouvir
- Percepção
- Integração
- Trabalho em equipe

**MATERIAL**
Papel de rascunho e canetas.

**FASE DO GRUPO**
- Controle

**TEMPO APROXIMADO**
- 40 minutos

**DESENVOLVIMENTO**
- Pedir que os participantes se reúnam por áreas de trabalho.
- Solicitar que os grupos conversem entre si e elaborem três perguntas a serem feitas para cada setor.
- Informar que as perguntas não poderão ser respondidas no primeiro momento.
- Em círculo, com todos, cada área faz suas perguntas às demais e cada grupo faz as anotações.
- Novamente, cada grupo deverá conversar entre si e escolher apenas uma pergunta a ser respondida.

**CICLO DA APRENDIZAGEM VIVENCIAL**

**RELATO:** Explorar os sentimentos ao ouvir as perguntas dos colegas de cada setor. Entregar a cada grupo três cores, Verde, Amarelo e Vermelho, para que digam a cor que representa o sentimento do grupo.

**PROCESSAMENTO**: O que foi mais interessante e o que foi menos interessante? Qual a pergunta que cada grupo gostaria de responder? Deixar que falem sem a interferência de outros grupos.

**GENERALIZAÇÃO**: E no dia a dia, como vocês lidam com as situações semelhantes? Como é o *feedback*?

**APLICAÇÃO**: O que o grupo fará de diferente? Após decidirem o que farão, cada grupo deverá elaborar um plano de ação e apresentar a todos. Passar uma folha para cada grupo ou passar o slide com um modelo de plano de ação.

| PLANO DE AÇÃO | |
|---|---|
| META: | |

| O QUE FAZER | POR QUÊ | QUEM FARÁ | COMO FARÁ | ONDE | PRAZO | OBS |
|---|---|---|---|---|---|---|
| | | | | | | |
| | | | | | | |
| | | | | | | |
| | | | | | | |
| | | | | | | |
| | | | | | | |

**FECHAMENTO:** Ressaltar a importância do gestor de setores, ouvir o outro, pedir ajuda, refletir sobre sua postura e posições e não ter medo de perguntar e pedir sugestões.

## BONECOS INVERTIDOS

**OBJETIVOS**
- Promover o repasse preciso de informações no local de trabalho.
- Aumentar o nível de conscientização sobre os processos de comunicação verbal.
- Trabalhar os principais aspectos facilitadores e dificultadores no processo de comunicação na empresa.

**APLICAÇÃO**
Treinamento e Desenvolvimento

**INDICADORES**
- Comunicação
- *Feedback*
- Saber ouvir
- Estilo de liderança
- Planejamento
- Percepção
- Resolução de problemas

**MATERIAL**
- três folhas de papel com o desenho a ser reproduzido
- três vendas para os olhos
- seis folhas de papel de rascunho
- três lápis

**FASE DO GRUPO**
Controle

**TEMPO APROXIMADO**
40 minutos

**PAPÉIS**
**Três gerentes** – planejar e repassar a tarefa.
**Três colaboradores** – perguntar e reproduzir a tarefa.

## DESENVOLVIMENTO
1. Solicitar três voluntários para assumirem o posto da gerência.
2. Solicitar três voluntários para serem os colaboradores.
3. Montar o posto de trabalho de cada gerência.
4. O restante da turma observa.

## INSTRUÇÕES:

### 1ª ETAPA:
1. Entregar a cada gerente o papel desenhado para que possa planejar a melhor forma de repassar a informação para o colaborador.
2. Entregar a folha em branco e um lápis ao colaborador e vendá-lo.
3. O colaborador pode perguntar.
4. Tempo: de três a cinco minutos.

### 2ª ETAPA:
Tirar a venda de cada colaborador e entregar outra folha em branco.
1. O gerente deverá observar erros e acertos, conversar com o colaborador sem mostrar o desenho original e, logo em seguida, repassar novamente as informações.
2. O colaborador pode perguntar.
3. Tempo: de três a cinco minutos.

### 3ª ETAPA
1. O gerente deverá conversar sobre os erros e acertos com o colaborador, tendo como referência o desenho.

## CICLO DA APRENDIZAGEM VIVENCIAL

Atenção! Ouve-se primeiro os três colaboradores, depois gerentes e as observações do restante da turma.

**RELATO**: Ouvir primeiro o colaborador. Como se sentiu na 1ª e 2ª fase do exercício.

**PROCESSAMENTO:** Pedir que falem sobre suas dificuldades e facilidades.

**GENERALIZAÇÃO:** Qual a semelhança do exercício com o dia a dia?

**APLICAÇÃO:** Quais as melhorias que se pode fazer no trabalho?

**FECHAMENTO:** Finalizar reforçando o tema Comunicação.

## DESENHO

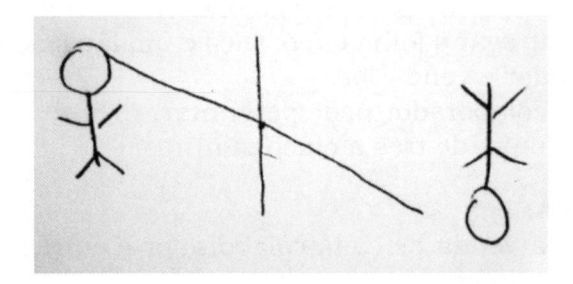

## CAÇA-RESPOSTAS

**OBJETIVO**
Promover a reflexão e a busca de respostas sobre situações vivenciadas pelos gestores.

**APLICAÇÃO**
Treinamento e Desenvolvimento

**MATERIAL**
Cartões ou etiquetas com frases.

**TEMPO APROXIMADO**
Uma hora

## DESENVOLVIMENTO
1. Fixar nas costas de cada participante uma frase, conforme o modelo abaixo ou de acordo com a necessidade.
2. Dizer a eles que se misturem e procurem dar o maior número de respostas aos colegas sem dizer-lhes qual é a pergunta ou afirmação.
3. Observe o desempenho do grupo para controlar o tempo.
4. De volta aos lugares os comentários conforme

## CICLO DA APRENDIZAGEM VIVENCIAL

**RELATO:** Sentimentos ao ouvir as respostas dos colegas.

**PROCESSAMENTO:** Facilidades e dificuldades encontradas no exercício. O que foi mais e menos interessante?

**GENERALIZAÇÃO**: E no dia a dia, como vocês lidam com as situações?

**APLICAÇÃO**: O que fará de diferente? Ou o que aprendeu neste exercício?

**FECHAMENTO:** Ressaltar a importância de o gestor ouvir o outro, pedir ajuda, refletir sobre sua postura e posições e não ter medo de perguntar.

## SUGESTÕES DE FRASES PARA LIDERANÇA
1. Responda-me: o que devo fazer para motivar os colaboradores?
2. Sugira algo novo para que eu possa implantar no meu setor.
3. Cumprimente-me com um abraço.
4. Como devo elogiar os colaboradores?
5. Discuti com um colaborador. Como devo fazer?
6. O que será que meus colaboradores esperam de mim?

7. O que eu posso esperar dos meus colaboradores?
8. Comente: "nada é mais inútil do que fazer com eficiência algo que não deveria ser feito" (Peter Druker.)
9. Verdade sobre liderança: ou você lidera pelo exemplo ou não vai liderar ninguém.
10. Verdade sobre liderança: os melhores líderes são os melhores aprendizes.
11. "Os grandes líderes são como os melhores maestros – eles vão além das notas para alcançar a mágica dos músicos." (Blaine Lee)
13. "Nunca se esqueça de que a vaidade é inimiga do espírito de equipe." (Bernardinho)
14. "O líder faz aquilo que é certo e não aquilo que é conveniente." (Bernardinho)
15. "Todos nós devemos ser coerentes com nosso próprio discurso." (Jack Welch)
16. "Nem tudo o que se enfrenta pode ser modificado. Mas nada pode ser modificado até que seja enfrentado." (James Baldwin)
17. "Se fazes o que sempre tens feito, obterás o que sempre tens obtido." (Anthony Robbins)
18. "As pessoas só veem o que estão preparadas para ver." (Ralph Waldo Emerson)
19. "A *performance* de hoje é um produto do aprendizado do passado. A *performance* de amanhã é um produto do aprendizado de hoje." (Bob Guns)
20. "Treinar funcionários não é mais luxo. É uma necessidade." (Keki Bhote)
21. "Um superior que trabalha no seu próprio desenvolvimento constitui um exemplo quase irresistível." (Peter Drucker)
22. "O homem que comete um erro e não o corrige está cometendo outro erro." (Confúcio)
23. "Existe um tempo para melhorar, para se preparar e planejar; igualmente existe um tempo para partir para a ação." (Almyr Klink)

24. "Um bom chefe faz com que homens comuns façam coisas incomuns." (Peter Drucker)
25. Pequenos problemas são difíceis de serem vistos, mas fáceis de consertar. No entanto, quando você deixa que esses problemas se avolumem, eles são fáceis de ver e difíceis de consertar. (Nicolau Maquiavel)
26. Você tem liberdade de escolha, mas as escolhas que você faz hoje determinam o que você terá, será e fará no amanhã. (Zig ziglar).
27. De que forma o meu setor pode contribuir com o seu?
28. O que eu preciso fazer aqui na empresa para ser um bom gestor?
29. "Como gerente, você é pago para estar desconfortável. Se você está confortável, é um sinal seguro de que você está fazendo as coisas erradas." (Peter Drucker)
30. "Maestros não sabem como o oboé faz o meu trabalho, mas eles sabem com o que o oboé deve contribuir." (Peter Drucker)
31. "Ao lidar com pessoas, lembre-se de que você não está lidando com seres lógicos, e sim com seres emocionais." (Dale Carnegie)
32. "A única coisa segura sobre a sorte é que ela mudará." (Bret Harte)
34. "Cada um de nós tem um fogo no coração para alguma coisa. É nossa meta na vida encontrá-lo e mantê-lo aceso." (Mary Lou Retton)
35. "Inspiração vem dos outros. Motivação vem de dentro de nós." (Autor Desconhecido)

## CAMPEONATO DE DADOS

**OBJETIVO**
Estimular análise do desempenho do trabalho em equipe.

**APLICAÇÃO**
Treinamento, Desenvolvimento e Acompanhamento

**INDICADORES**
- Planejamento
- Liderança
- Trabalho em equipe
- Administração de tempo
- Trabalho sob pressão
- *Feedback*

**MATERIAL**
- Folhas de papel
- Cinco dados, sendo um para cada equipe
- Uma mesa para cada grupo

**TEMPO APROXIMADO**
Uma hora e meia

**DESENVOLVIMENTO**
01. Dividir o grupo em quatro ou cinco equipes.
02. Dar as seguintes instruções:
    - Cada equipe deverá escolher um líder.
    - Entregar um dado para cada líder.
    - O número de rodadas será quatro.
    - Dizer que ganhará a equipe que fizer maior pontuação em menor tempo.
    - O líder deverá anotar a pontuação e tempo de cada rodada no placar que será afixado pelo Facilitador, e enquanto ele fizer isso ninguém da equipe poderá jogar.
    - Cada jogador deverá jogar três vezes em cada rodada.
    - Se alguém tirar um, a pontuação daquela rodada será zerada e começará a ser contada a partir da próxima jogada.

**CICLO DA APRENDIZAGEM VIVENCIAL**

**RELATO**: Deixar espaço para que os participantes possam se expressar logo após a apresentação.

**PROCESSAMENTO:** Deixar que falem e comentem sobre as dificuldades e facilidades durante o jogo. Comentários sobre o papel do líder.

**GENERALIZAÇÃO:** Como tem sido o desempenho de cada equipe no dia a dia? Pontos positivos/negativos/gargalos.

**APLICAÇÃO:** Lições aprendidas e as que poderão ser aplicadas para a melhoria do desempenho.

**FECHAMENTO PELO FACILITADOR:** Fazer a leitura do grupo e comentar.

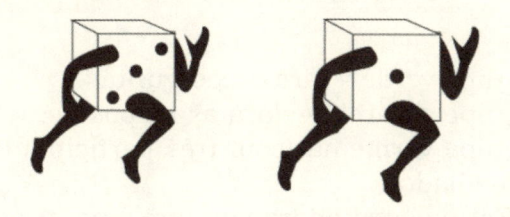

## CARTÕES COLORIDOS DE AVALIAÇÃO

**OBJETIVO**
Verificar a aprendizagem de uma forma lúdica.

**APLICAÇÃO**
Treinamento e Desenvolvimento

**MATERIAL**
Cartões de avaliação coloridos (verde, amarelo e vermelho) com perguntas e respostas sobre o tema do curso.

**TEMPO APROXIMADO**
Uma hora

## DESENVOLVIMENTO

Preparar antecipadamente:
1) cartões na cor verde para as perguntas relacionadas ao tema.
2) cartões amarelos para as respostas.

Atenção: coloque alguns cartões com respostas erradas.

- Separe os cartões em caixas.
- Dividir o grupo em três subgrupos (verde, amarelo e vermelho).
- Pedir que se sentem todos em círculo.

## INSTRUÇÕES AO GRUPO:

1ª Rodada:
1. Equipe verde – fará as perguntas.
2. Equipe amarela – dará as respostas.
3. Equipe vermelha (com três participantes) – será o mediador.
4. A Equipe mediadora marcará a pontuação no flip chart.

2ª Rodada – Inverte
1. A Equipe mediadora marcará a pontuação no flip chart.

A cada pergunta com resposta errada, o outro grupo pode responder e marcar pontos antecipadamente. Caso não saibam, os dois grupos vão pesquisar a resposta correta, usando as anotações e o material distribuído, porém não marcam pontos.

O Facilitador observará as perguntas e as repostas comentando-as e explicando aquelas que ficaram com dúvidas.

## CICLO DA APRENDIZAGEM VIVENCIAL

**RELATO**: Com os participantes em círculo, solicitar que sinalizem sobre seus sentimentos: foi positivo, mais ou menos ou negativo?

**PROCESSAMENTO**: Espaços para os participantes falarem sobre suas dificuldades e facilidades.

**GENERALIZAÇÃO**: Qual a semelhança da vivência com o dia a dia na vida de cada um?

**APLICAÇÃO**: Que aprendizado o grupo tirou da vivência?

**FECHAMENTO:** No fechamento, o Facilitador poderá reforçar os pontos de dúvida, pedir que façam perguntas e reforçar os pontos que forem importantes.

## CERTIFICAÇÃO DE QUALIDADE

**OBJETIVO**
Estimular o *feedback* entre os participantes no momento final do evento.

**APLICAÇÃO**
Treinamento e Desenvolvimento e Acompanhamento

**INDICADORES**
- Comunicação
- *Feedback*

**MATERIAL**
Certificado impresso

**FASE DO GRUPO**
- Afeição e abertura

**TEMPO APROXIMADO**
- 40 minutos

**DESENVOLVIMENTO**
- Distribuir um certificado em branco para todos os participantes.
- Escrever o nome de cada participante num papel e sortear os nomes.
- Cada participante deverá confeccionar o certificado de qualidade para o colega.
- Pedir que cada um vá até o facilitador e pegue com ele o certificado do curso e um bombom que deverão ser entregues junto com a certificação da qualidade.
- Promover o momento da certificação.

No certificado, o participante deverá estabelecer pelo menos três critérios que utilizou para a certificação.

**FECHAMENTO**
Para o fechamento, o Facilitador abre espaços para quem quiser ler a certificação e fazer comentários, agradecendo a participação de todos.

## COLLORS & CIA

**OBJETIVO**
Trabalhar processos internos na empresa, atuação da liderança e colaboradores.

**APLICAÇÃO**
Treinamento e Desenvolvimento

**INDICADORES**
- Comunicação
- Estilo de liderança
- Planejamento
- Administração do tempo
- Trabalho em equipe
- Comportamento sob pressão
- Comprometimento com os resultados
- Criatividade
- Resolução de problemas

**MATERIAL**
- 15 caixas de clips tamanhos e cores diferentes
- Papel de rascunho para cada base (subgrupo)
- Lápis e borracha

**FASE DO GRUPO**
- Controle

**TEMPO APROXIMADO**
- Duas horas

**DESENVOLVIMENTO**

**Informar ao grupo:**
Vocês são colaboradores da empresa **Collors & Cia**, uma fabricante de colares, muito conceituada no mercado. A empresa vem expandindo o seu negócio a cada dia, tendo como ponto forte a inovação, qualidade e entrega dos produtos nas datas acordadas...

Diante disso, teremos a seguinte estrutura:
- Quatro bases de trabalho.
- Um líder (os colaboradores escolhem o líder).
- Quatro supervisores (o líder escolhe os supervisores).

*Aguardar o grupo fazer as escolhas e repassar as instruções ao líder.
- Entregar clips coloridos misturados.

## FOLHA DE INSTRUÇÃO PARA O LÍDER

**BASES:**

**Formar quatro bases:**
- **Vermelha**: Tarefa: **Montar** colares vermelhos (modelo).
- **Azul**: Tarefa: **Montar** colares azuis (modelo).
- **Branca**: Tarefa: **Criar** colares coloridos que serão lançados no mercado.
- **Verde**: Tarefa: **Montar** colares verdes e **montar os novos colares** que serão lançados no mercado.

 O **líder** não poderá ajudar na montagem e, ao final, apresentará os resultados.

 **Os supervisores** da base vermelha, azul e verde usarão o colar modelo de sua base e o da base branca o primeiro colar colorido montado pela equipe verde.

**TEMPO**
 Dez minutos para o planejamento e 40 minutos para o restante do trabalho.

**REGRA**
- Somente cinco clips de cada base poderão ser modificados.

**METAS**

**META DE CADA BASE**: Produzir o maior número de colares da cor, modelo e número de peças de sua base.

**META PARA A BASE VERDE.** Além de produzir o maior número de colares da cor, modelo e número de peças de sua base, montar os novos modelos criados.

**META DA BASE BRANCA**: Criar o maior número de modelos de colares coloridos.

## CICLO DA APRENDIZAGEM VIVENCIAL

**RELATO:** Rodada de sentimentos – em círculos ou nos grupos, pedir que relatem os vários sentimentos que tiveram durante o exercício.

**PROCESSAMENTO**: Ouvir líder, supervisores e colaboradores de cada base sobre as dificuldade e facilidades encontradas na realização do exercício. Como foi o desempenho da liderança? O trabalho em equipe?

**GENERALIZAÇÃO:** O que pode ser comparado desta atividade com o dia a dia de vocês?

**APLICAÇÃO**: O que pode ser aproveitado desta atividade para se trabalhar melhor no dia a dia? Pedir que cada grupo converse entre si e que depois anotem no flip chart para apresentar aos demais, da seguinte forma:

O que podemos manter        O que podemos renovar

**FECHAMENTO:** Atento a todas as falas, o facilitador vai fazendo anotações para que possa fazer o fechamento de tudo. Poderá, por exemplo, se o tema central for trabalho em equipe, terminar com um vídeo. Se for liderança, falar sobre estilos de liderança.

## COMO SE DAR BEM COM CLIENTES?

**OBJETIVO**
Orientar os participantes como agir e se dar bem com clientes.

## INDICADORES
- Administração de conflitos
- Relacionamento interpessoal
- Prontidão
- Criatividade

## APLICABILIDADE
Seleção, Treinamento, Desenvolvimento e Acompanhamento

## FASE DO GRUPO
Controle e Afeição

## MATERIAL
- Uma folha com casos de clientes a ser montada conforme a realidade da empresa.
- Uma folha com formas adequadas de lidar com clientes.
- Etiqueta com os rótulos de clientes.

## SUGESTÕES PARA OS RÓTULOS:
CHATO, MAL-EDUCADO, EDUCADO, SIMPÁTICO, INDECISO, INDIFERENTE, NERVOSO, EXIGENTE, CRIATIVO, DESCONFIADO, MANDÃO, AMOROSO.

## TEMPO APROXIMADO
Uma hora

## DESENVOLVIMENTO
- Pedir 12 voluntários para serem os clientes.
- Os outros 12 participantes serão os atendentes.
- Se sobrar mais participantes, serão os GESTORES de cada equipe.
- Passar os casos para eles ou pedir que criem os casos reais de acordo com o seu rótulo.
- O rótulo deverá ser colocado na testa de cada um.
- O cliente deverá escolher o seu atendente.
- Colocar as cadeiras de cada equipe lado a lado fazendo um corredor, ficando o cliente de frente para o atendente.

- As apresentações serão de até cinco minutos e uma a uma para que todos observem.
- Caso necessite de ajuda, o atendente poderá pedir a intervenção do gestor.

## CICLO DA APRENDIZAGEM VIVENCIAL

**RELATO**: Com os participantes frente a frente, solicitar que clientes, atendentes e gestores falem sobre seus sentimentos.

**PROCESSAMENTO**: Espaços para falarem sobre a experiência que vivenciaram. O que dificultou e facilitou a atuação de cliente e atendente? Como foi a atuação do gestor?

**GENERALIZAÇÃO**: Que tipos de clientes são os mais atendidos no dia a dia e como é o tratamento que recebem?

**APLICAÇÃO**: Qual aprendizado que obteve com o exercício?

**FECHAMENTO:** O fechamento poderá ser feito com um vídeo que mostre o atendimento a diferentes clientes, com comentários.

## COMPARTILHANDO HISTÓRIAS

### OBJETIVO
Estimular o participante a compartilhar com os colegas histórias que fizeram uma grande diferença na sua vida pessoal e profissional.

### APLICAÇÃO
Treinamento, Desenvolvimento e Acompanhamento

## INDICADORES
- Integração
- Estabelecimento de confiança
- Motivação
- Trabalho em equipe.

## MATERIAL
Folhas de papel de rascunho.

## FASE DO GRUPO
– Inclusão, afeição e abertura

## TEMPO APROXIMADO
– Uma hora e meia para planejamento.
– Cada participante terá até cinco minutos para compartilhar sua história.

## DESENVOLVIMENTO
01. Pedir que todos fiquem em círculo e pensem numa história que tenha feito uma grande diferença em sua vida e que queiram compartilhar o aprendizado com o grupo.
02. Espontaneamente, cada um conta a história.

## CICLO DA APRENDIZAGEM VIVENCIAL

**RELATO:** Como se sentiram contando e ouvindo as histórias?

**PROCESSAMENTO:** Deixar que falem e comentem sobre as histórias.

**GENERALIZAÇÃO:** Quais as melhores histórias de se contar no ambiente de trabalho?

**APLICAÇÃO:** O que pode aprender com as histórias e como agregará valor à prática?

**FECHAMENTO:** O facilitador deverá ficar sempre atento para finalizar enfatizando algum comentário do grupo.

## COMPUTADOR GOSTOSO

**OBJETIVO**
Possibilitar aos participantes uma reflexão sobre o vivenciado no evento.

**INDICADORES**
- Prontidão
- Criatividade
- Integração

**APLICABILIDADE**
Seleção, Treinamento, Desenvolvimento e Acompanhamento

**FASE DO GRUPO**
Abertura

**MATERIAL**
- Dois objetos para servir de "computadores".
- Mensagens para serem completadas.
- Balinhas, bombons e pirulitos para presentear o grupo.

**DESENVOLVIMENTO**
Cenário:
- Apresentar os dois objetos: "os computadores" – um com as mensagens e o outro (igual) com balinhas, pirulitos e bombons gostosos. "Temos dois computadores de última geração e, além disso, são deliciosos. Como estamos encerrando nosso evento, vamos presentear o grupo com um deles. Antes, porém, precisamos fazer alguns testes para vermos se estão emitindo mensagens corretas.".
- Cada pessoa participará uma vez. Sua participação consiste em tocar o computador, ler a frase ou pergunta e emitir seu parecer.
- A cada complemento, o grupo escolhe o próximo participante a tocar o computador.
- Ao final, entregar o "computador gostoso" ao grupo.

## FRASES PARA SEREM COMPLEMENTADAS:
- Este encontro representou para mim...
- A vivência que mais mexeu comigo foi...
- Este grupo me ajudou a...
- Quero partilhar com o grupo que...
- Se eu fosse este computador, eu...
- Meu maior sonho é...
- Quero sair daqui e...
- O que mais contribuiu para meu crescimento foi...
- A pergunta que quero fazer é...
- Eu sugiro ao grupo que...
- Eu convido o grupo todo a...
- O que tenho de significativo para o grupo é...
- Quero dizer para você (escolha um colega do grupo) que você é...
- Acho que eventos com a utilização de técnicas vivenciais propiciam...

## CICLO DA APRENDIZAGEM VIVENCIAL
Fazer o relato e fechamento, tendo em vista que os participantes já vão fazendo comentários pertinentes a todas as etapas.

## COREOGRAFIA DA COOPERAÇÃO

### OBJETIVO
Estimular os participantes a exercitarem o trabalho em equipe.

### INDICADORES
- Trabalho em equipe
- Comunicação
- Criatividade
- Liderança

### APLICAÇÃO
Seleção, Treinamento e Desenvolvimento

## TEMPO APROXIMADO
30 minutos

## DESENVOLVIMENTO
1. Solicitar que os participantes escolham o líder do grupo.
2. Tarefa: apresentar uma coreografia perfeita com sinergia e sincronicidade.

**Atenção:** Importante que o Facilitador não faça interferências deixando o líder e o grupo decidirem como fazer.

## QUADRO

| 1 | 2 | 3 | 4 | 5 | 6 | 7 | 8 | 9 |
|---|---|---|---|---|---|---|---|---|
| E | U | C | O | O | P | E | R | O |

**E=** Estalar os dedos
**U=** Erguer os dois braços para cima
**C=** Gargalhar (ou o grupo decide)
**O=** Bater palmas
**P=** Mãos na cintura
**E=** Dois pulinhos
**R=** O grupo decide o movimento
**O=** Bater palmas

## CICLO DA APRENDIZAGEM VIVENCIAL

**RELATO:** Com os participantes em círculo, solicitar que falem sobre seus sentimentos.

**PROCESSAMENTO:** Espaços para os participantes falarem sobre todo o processo de treinamento. Por exemplo: como foi a atuação do líder? As dificuldades e facilidades.

**GENERALIZAÇÃO:** Qual a semelhança da vivência com o dia a dia na vida de cada um?

**APLICAÇÃO:** Qual aprendizado? Para que serviu esta atividade?

## FECHAMENTO PELO FACILITADOR.

## DAMAS DE PAPÉIS COLORIDOS

**OBJETIVO**
Promover a reflexão sobre os papéis exercidos pelas mulheres e estabelecer melhorias.

**APLICAÇÃO**
Treinamento e Desenvolvimento

**FASE DO GRUPO**
Todas as fases

**MATERIAL**
- Material já preparado: papéis coloridos em forma de pedaço de pizza
- Flip Chart ou quadro branco para anotações
- Papel de rascunho e cola (ou fita crepe)
- Lápis
- Slides com as instruções

**TEMPO APROXIMADO**
Uma hora

**DESENVOLVIMENTO**
1. Coloque em cima de uma mesa, ou no chão, papéis coloridos cortados em forma de pedaços de pizza para que as participantes escolham seis pedaços das cores de sua preferência.
2. Em seguida, peça que coloquem em cada pedaço o nome dos papéis que desempenham no momento e por ordem de importância. Caso não tenham o número, deixe em branco no primeiro momento.
3. Com um lápis ou caneta, eles devem preencher cada pedaço respondendo o quanto estão satisfeitos naquele papel. Depois de tudo preenchido, peça que colem todos os pedaços numa folha de papel de rascunho, formando uma pizza.
4. A próxima etapa será o momento de fazer um levantamento sobre quais ações terão que fazer para melhorar o grau de satisfação em relação a cada setor.

5. Em seguida, devem estabelecer metas e priorizar pelo menos duas delas e elaborar um plano de ação.

**Atenção**: O exercício poderá ser feito individualmente ou em duplas.

## CICLO DA APRENDIZAGEM VIVENCIAL

**RELATO**: Pedir que cada participante escolha uma das cores e sinalize qual a cor que representa o exercício.

**PROCESSAMENTO**: Espaços para os participantes falarem sobre suas dificuldades e facilidades em cada papel.

**GENERALIZAÇÃO**: O que tem feito para enfrentar os desafios no dia a dia?

**APLICAÇÃO**: Que aprendizado o grupo tirou do exercício e o que se propõe a fazer em curto prazo?

**FECHAMENTO:** O Facilitador deve fazer as considerações finais.

## DANÇA DAS LETRAS

**OBJETIVO**
Ativar a criatividade e propiciar momentos de descontração aos participantes.

**INDICADORES**
- Comunicação
- Criatividade
- Flexibilidade

**FASE DO GRUPO**
Em todas as fases

**MATERIAL**
Dispensa

**TEMPO**
Dez minutos

**DESENVOLVIMENTO**
1. Solicitar que todos fiquem de pé e que formem dois grupos.
2. Cada grupo deverá escolher cinco palavras que queiram dizer ao outro grupo.
3. Cada grupo deverá encontrar uma única forma de repassar as palavras fazendo cada letra com o corpo.
4. O outro grupo deverá dizer qual é a palavra.

**CICLO DA APRENDIZAGEM VIVENCIAL**

**RELATO:** Perguntar aos participantes como se sentiram fazendo o exercício e fazer o

**FECHAMENTO** reforçando os aspectos facilitadores da comunicação.

## DESPENCOU...

**OBJETIVO**
Promover a vitalização do grupo, favorecendo a descontração e integração.

**INDICADORES**
- Atenção
- Percepção
- Integração
- Planejamento

**FASE DO GRUPO**
Todas as fases

**TEMPO**
15 minutos.

**DESENVOLVIMENTO**
- Colocar o grupo em círculo e dar o nome de uma fruta a cada participante (banana, pera, mamão, uva, caqui, manga...).
- Dizer que a fruta está muito madura e que não pode cair.
- Os participantes deverão caminhar em todas as posições, ou dançar (se utilizar música), enquanto o facilitador chama o nome de cada fruta. Uma por vez, duas, três, quatro... todas ao mesmo tempo.
- O participante deverá sinalizar que é a "fruta" levantando o braço, e quem estiver por perto, deverá escorar ou segurar a fruta porque o objetivo é não deixar a "fruta" cair.

**CICLO DA APRENDIZAGEM VIVENCIAL**

**RELATO:** Solicitar que os apresentadores falem sobre seus sentimentos.

**PROCESSAMENTO**: Espaço para os apresentadores falarem sobre suas dificuldades e facilidades.

**GENERALIZAÇÃO**: Qual a semelhança da vivência com o dia a dia na vida de cada um?

**APLICAÇÃO**: O que aprendeu com o exercício?

**FECHAMENTO:** Pelo Facilitador, com seus comentários.

## DICIONÁRIO PARA FACILITADORES INTERNOS

### OBJETIVO
Verificar a aprendizagem de uma forma lúdica.

### APLICAÇÃO
Treinamento e Desenvolvimento

### INDICADORES
- Prontidão
- Raciocínio verbal
- Trabalho sob pressão
- *Feedback*

### FASE DO GRUPO
Controle

### MATERIAL
- Perguntas elaboradas com temas do curso.

### TEMPO APROXIMADO
Uma hora

### DESENVOLVIMENTO
Formar quatro grupos e solicitar três participantes para serem os jurados.

**Jurados:**
- Farão as perguntas.
- Darão a nota que deverá ser anotada no flip chart.

**Grupos:**
- Após responderem as perguntas por escrito, farão a leitura.
- Poderão consultar o material.

O Facilitador observará as perguntas e as repostas comentando-as e explicando aquelas que ficaram com dúvidas.

## QUADRO PARA MARCAÇÃO DE PONTOS

| QUESTÕES | GRUPO 1 | GRUPO 2 | GRUPO 3 | GRUPO 4 |
|---|---|---|---|---|
| 01 | | | | |
| 02 | | | | |
| 03 | | | | |
| 04 | | | | |
| 05 | | | | |
| 06 | | | | |
| 07 | | | | |
| 08 | | | | |
| 09 | | | | |
| 10 | | | | |
| 11 | | | | |
| TOTAL | | | | |

## DICIONÁRIO

**01. O QUE SIGNIFICA C A V?**

**02. QUAIS SÃO AS FASES DO GRUPO?**

**03. O QUE SÃO AS TÉCNICAS VIVENCIAIS?**

**04. QUAIS OS TIPOS DE TÉCNICAS VIVENCIAIS?**

**05. O QUE SE DEVE LEVAR EM CONSIDERAÇÃO AO ESCOLHER UMA TÉCNICA VIVENCIAL?**

**06. QUAL FASE DO GRUPO É A MAIS CONTURBADA? JUSTIFIQUE.**

**07. A VIVÊNCIA É...**

**08. NO RELATO, O GRUPO TEM A OPORTUNIDADE DE COMPARTILHAR...**

**09. O QUE OCORRE NO PROCESSAMENTO?**

**10. ANALOGIAS E COMPARAÇÕES É O MOMENTO DA...**

**11. APLICAÇÃO É...**

## DIGA A SENHA E VÁ...

**OBJETIVO**
Descontrair, vitalizar, desenvolver a percepção e integrar os participantes.

**INDICADORES**
- Atenção
- Percepção

**APLICAÇÃO**
Seleção, Treinamento e Desenvolvimento

**TEMPO**
15 minutos

**MATERIAL**
Um pincel atômico

**FASE DO GRUPO**
Todas as fases

**DESENVOLVIMENTO**
Crie um cenário, instrua para que todos formem um círculo e diga: "Imaginem que todos ganharam de prêmio uma viagem para Orlando e que para embarcar cada um precisa do passaporte e de uma senha. Eu

passarei a senha e cabe a cada um descobrir qual é. Só embarcará quem descobrir a senha.".

Exemplo: o Facilitador fica no centro com o pincel em uma mão e diz: "Para ir a Orlando eu passo por aqui, aqui... e vou... e entrega o pincel para alguém do grupo. Quando entrega o pincel muda de mão (a senha é: mudar de mão). Quem descobrir não poderá contar ao colega. Repete-se o exercício até que todos consigam descobrir.

Logo após, o Facilitador faz o CAV.

## CICLO DA APRENDIZAGEM VIVENCIAL

**RELATO:** Como se sentiram durante o exercício? Sensação ao descobrir ou não descobrir a senha?

**PROCESSAMENTO:** O que aconteceu? O que se passou na cabeça de cada um?

**GENERALIZAÇÃO:** Como acontece nos setores? Como é a comunicação interna?

**APLICAÇÃO:** O que cada um poderá fazer para melhorar?

**FECHAMENTO**: Pelo Facilitador

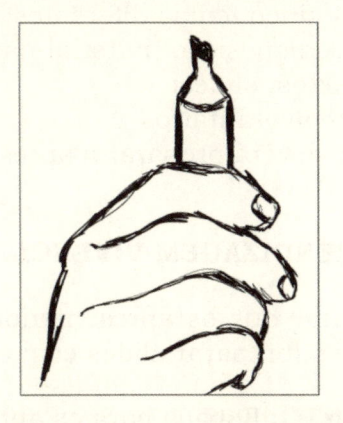

## EM TRÊS MINUTOS

**OBJETIVO**
Permitir ao grupo fazer apresentações em três minutos.

**APLICAÇÃO**
- Seleção e identificação de potencial
- Treinamento e Desenvolvimento

**INDICADORES**
- Comunicação
- Criatividade
- Argumentação

**MATERIAL**
- Temas elaborados
- Material para consulta

**TEMPO APROXIMADO**
90 minutos

**DESENVOLVIMENTO**
1. O Facilitador deverá escrever em cartões ou no flip chart cinco temas diferentes.
2. Colocar à disposição material para consulta (revistas, textos, slides).
3. Pedir cinco voluntários.
4. Cada um deverá preparar a apresentação em dez minutos.

**CICLO DA APRENDIZAGEM VIVENCIAL**

**RELATO:** Solicitar que os apresentadores falem sobre seus sentimentos (preparar slides com carinhas).

**PROCESSAMENTO:** Espaço para os apresentadores falarem sobre suas dificuldades e facilidades.

**GENERALIZAÇÃO**: Qual a semelhança da vivência com o dia a dia na vida de cada um?

**APLICAÇÃO:** O que aprendeu com o exercício?

**FECHAMENTO:** Pelo Facilitador, com seus comentários.

## EMPRESA, FACILITADOR E PARTICIPANTE

**OBJETIVO**
Incentivar os participantes a permanecerem atentos e prontos às demandas do dia a dia.

**INDICADORES**
- Integração, atenção e prontidão

**FASE DO GRUPO**
Todas as fases

**APLICAÇÃO**
Seleção, Treinamento e Desenvolvimento

**MATERIAL**
Nenhum

**TEMPO APROXIMADO**
15 minutos

**DESENVOLVIMENTO**
- Dividir os participantes em trios. Em cada trio, dois devem ser uma "casa", ficando um de frente para o outro e dando as mãos acima da cabeça. O terceiro participante será o "inquilino", morando dentro da casa. Os trios devem se espalhar pela sala e seguir os comandos do Facilitador.

**Empresa:** As empresas continuam no lugar e os Facilitadores trocam de empresa. Não vale mudar para a empresa ao lado.

**Facilitador:** Os Facilitadores continuam no lugar e as empresas trocam de participante. Não vale soltar as mãos.

**Participantes:** Os trios se desfazem e procuram rapidamente pessoas para fazer um novo trio.

## CICLO DA APRENDIZAGEM VIVENCIAL

**RELATO:** Palavra livre – solicitar que falem sobre seus sentimentos.

**PROCESSAMENTO**: Espaços para os participantes falarem sobre suas dificuldades e facilidades.

**GENERALIZAÇÃO**: No dia a dia na vida de cada um, como isso acontece?

**APLICAÇÃO:** Qual o aprendizado, para que serviu esta atividade?

**FECHAMENTO:** Pelo Facilitador com seus comentários.

(**Fonte: Fábio Broto, readaptada pela autora**)

## ESQUENTANDO O AMBIENTE

**OBJETIVO**
   Vitalizar o grupo e exercitar o trabalho em equipe.

**APLICAÇÃO**
   Treinamento e Desenvolvimento

**INDICADORES**
- Comunicação
- Saber ouvir
- Integração
- Trabalho em equipe
- Percepção
- Atenção
- Resolução de problemas

## MATERIAL
- Desenhos reproduzidos em slides
- Palitos de fósforo

## FASE DO GRUPO
Todas as fases

## TEMPO APROXIMADO
30 minutos

## DESENVOLVIMENTO
- Formar quatro equipes.
- Passar os slides com as figuras.
- Ganha a equipe que conseguir reproduzir primeiro o desenho.

## CICLO DA APRENDIZAGEM VIVENCIAL

**RELATO**: Palavra livre.

**PROCESSAMENTO**: Pedir que falem sobre suas dificuldades e facilidades. Quais as estratégias que foram adotadas pelo grupo?

**GENERALIZAÇÃO**: Qual a semelhança do exercício com o dia a dia?

**APLICAÇÃO**: O que aprenderam com o exercício?

**FECHAMENTO:** Pelo Facilitador, reforçando os aspectos observados durante o exercício.

## SUGESTÃO DE FIGURAS

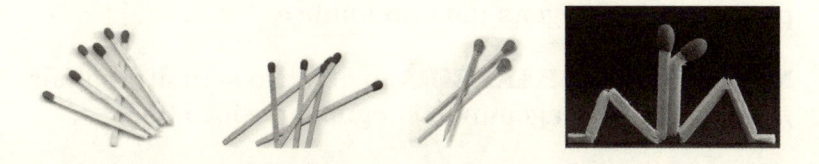

## FACILITANDO A COMUNICAÇÃO

**OBJETIVO**
Promover a vivência do processo de comunicação e a reflexão de como se deve cuidar para facilitar e não dificultar a comunicação.

**APLICAÇÃO**
Treinamento e Desenvolvimento

**INDICADORES**
- Comunicação
- Criatividade
- Atenção e percepção

**MATERIAL**
Fita crepe para marcar o chão.

**TEMPO APROXIMADO**
Uma hora

**DESENVOLVIMENTO**
- Dividir o grupo em três subgrupos e pedir que se posicionem em cima das três linhas demarcadas no chão.
- Dar as seguintes instruções: cada subgrupo deverá se reunir para escolher três frases que sejam populares para repassar enquanto estiverem posicionados na linha 01. Todos passarão pelas três posições e terão objetivos diferentes.

**Na posição 01- FACILITADORES**, o objetivo será repassar as mensagens usando mímica.

**Na posição 02 – BARREIRA**, o objetivo será atrapalhar para que a mensagem não chegue à posição 03.

**Na posição 03 – PARTICIPANTES,** o objetivo será dizer qual é a mensagem, para que o grupo que faz a mímica confirme ou não a mensagem.

- O Facilitador dará o tempo máximo de dois minutos para cada mensagem.
- Facilitadores só fazem a mímica quando o Facilitador disser **JÁ**.
- Acertando ou não, ao término do tempo, passe para a próxima mensagem e vá mudando os subgrupos de lugar até que todos possam vivenciar todas as posições.

## CICLO DA APRENDIZAGEM VIVENCIAL

**RELATO:** Nas posições (linhas) o facilitador conversa com os subgrupos, perguntando se gostaram do exercício.

**PROCESSAMENTO:** Espaços para os participantes falarem sobre estratégias que utilizaram para atingirem o objetivo enquanto facilitadores, depois dificultadores e participantes. Observar os outros comentários que vão surgindo (ouvir um grupo de cada vez).

**GENERALIZAÇÃO:** E no dia a dia, como vocês podem facilitar os processos?

**APLICAÇÃO:** O que pode melhorar no seu ambiente?

**FECHAMENTO:** Fazer o fechamento enfatizando alguns comentários que são feitos no decorrer do exercício.

## *FEEDBACK* COM BALINHAS

### OBJETIVO
Permitir ao grupo vivenciar um processo de dar e receber *feedback* e discutir a importância do *feedback* nas relações interpessoais.

### APLICAÇÃO
Treinamento e Desenvolvimento

## MATERIAL
- 15 balinhas a serem distribuídas para cada participante
- Papel de rascunho
- Caneta
- Fita crepe
- Música harmonizante

## TEMPO APROXIMADO
60 minutos

## DESENVOLVIMENTO

### Etapa 1
Pedir que cada participante faça uma reflexão sobre a contribuição de cada colega para a realização do curso. Informar que serão distribuídas 15 balinhas para cada participante e que ele deverá distribuí-las entre os colegas após responder às seguintes perguntas por escrito:
01. De quem vou receber balinhas?
02. De quem não vou receber balinhas?
03. Quais meus critérios de distribuição das balinhas?

**Atenção:** Deve ser proibido dar o mesmo número de balinhas para mais de uma pessoa.

### Etapa 2
Após a distribuição, pedir que cada um expresse diretamente para as pessoas, para as quais entregou suas balinhas, os critérios de distribuição utilizados (olhando diretamente para as pessoas das quais tiver falando).

## CICLO DA APRENDIZAGEM VIVENCIAL

**RELATO:** Deixar espaço para que os participantes possam se expressar.

**PROCESSAMENTO:** Estimular o grupo a falar sobre as dificuldades que teve quanto ao estabelecimento dos critérios para fazer sua escolha.

**APLICAÇÃO:** Como são estabelecidos critérios, prioridades e escolhas no dia a dia?

**FECHAMENTO:** Pelo Facilitador, com seus comentários.

*(Adaptada pela autora, com base em exercícios vistos em treinamentos.)*

## *FEEDBACK* COM CRACHÁS

**OBJETIVO**
Permitir ao grupo vivenciar um processo de *feedback* ao final do treinamento.

**APLICAÇÃO**
Treinamento e Desenvolvimento

**MATERIAL**
- Crachás, dos que penduram no pescoço, para cada participante
- Música harmonizante

**TEMPO APROXIMADO**
20 minutos

## DESENVOLVIMENTO
- Assim que terminar o treinamento, solicitar que todos os participantes coloquem seus crachás em cima da mesa.
- Eles devem ser misturados e cada um pega crachás dos outros colegas, devendo escrever algo no verso do crachá ao som de uma música suave.
- Depois de um tempo, cada um pega um crachá e faz a entrega ao colega.

## CICLO DA APRENDIZAGEM VIVENCIAL

**RELATO**: Deixar espaço para que os participantes possam se expressar.

## *FEEDBACK* DE UM A DEZ

## OBJETIVO
Permitir ao grupo vivenciar um processo de *feedback* de forma descontraída e produtiva.

## APLICAÇÃO
Treinamento e Desenvolvimento

## INDICADORES
- *Feedback*
- Criatividade
- Argumentação
- Negociação
- Trabalho em equipe
- Planejamento

## MATERIAL
Folhas de papel de rascunho.

## TEMPO APROXIMADO
90 minutos

## DESENVOLVIMENTO

1. Ao iniciar uma reunião com a equipe, coloque em slides ou escreva em flip chart os itens que queira trabalhar.
2. Ao dizer o item, peça que todos respondam bem alto a nota. Repita até perceber que a turma fala firme.
3. Em seguida, peça que individualmente escrevam, por exemplo, Motivação na função e a nota bem grande na folha de papel de rascunho e coloque-as separadas.
4. Faça o mesmo procedimento para todos os itens e, logo em seguida, forme grupos.
5. Faça um grande círculo no flip chart colocando todos os itens.
6. Peça que cada grupo faça a média de notas e preencha sua fatia.
7. Em seguida, peça para conversarem sobre as notas, fazerem propostas de melhoria e estabelecerem as tarefas de cada um.
8. Apresentação dos resultados.

**Atenção:** Uma alternativa é o Facilitador ir falando os indicadores e pedir que todos respondam bem alto, ao mesmo tempo, qual é a nota. Repetir várias vezes.

## SUGESTÃO:
a) Motivação atual na função
b) Disposição geral para o trabalho
c) Dedicação
d) Relacionamento com o gestor
e) Nível de estresse
f) Comunicação interna
g) Trabalho em equipe
h) Nível de satisfação geral com a empresa

## CICLO DA APRENDIZAGEM VIVENCIAL

**RELATO:** Deixar espaço para que os participantes possam se expressar.

**PROCESSAMENTO:** Deixar que falem e comentem sobre as notas.

**GENERALIZAÇÃO:** Pedir que façam as comparações.

**APLICAÇÃO:** Plano de melhoria: cada área deverá elaborar um plano para melhorar o setor.

**FECHAMENTO:** Pelo Facilitador, com seus comentários.

## FOLHA DE COMPETÊNCIAS

### OBJETIVO
Proporcionar a apresentação e integração do grupo e observar as competências presentes.

### INDICADORES
- Autoconhecimento
- Percepção
- Comunicação
- Trabalho em equipe

### FASE DO GRUPO
Inclusão

### MATERIAL
Folha de papel de rascunho e canetinhas coloridas.

### TEMPO
Dez minutos

### DESENVOLVIMENTO
1. Distribuir uma folha para cada participante e disponibilizar canetinhas coloridas, caso queiram usar.
2. Solicitar que escrevam em tamanho grande o nome e uma competência que considerem importantes para o seu perfil ou para a empresa.

3. Ao terminar, em círculo, cada um fala o nome e a competência.
4. Em seguida, formar os subgrupos conforme as competências e pedir que conversem sobre como a competência agrega valor no que faz no dia a dia.
5. Cada subgrupo faz a apresentação.

## FORMANDO GRUPOS POLÊMICOS

**OBJETIVOS**
- Formar grupos através de cores.
- Possibilitar a discussão e apresentação de temas polêmicos.

**APLICAÇÃO**
Treinamento e Desenvolvimento

**INDICADORES**
- Tomada de decisão em grupo
- Administração de conflitos
- Integração
- Trabalho em equipe
- Planejamento

**FASE DO GRUPO**
Controle

**MATERIAL**
Canetinhas coloridas, pelo menos cinco cores iguais, OU a Letra I de material E V A

**TEMPO APROXIMADO**
- 90 minutos
- Tempo de apresentação para cada grupo: cinco minutos

**DESENVOLVIMENTO**
- Colocar todas as cores misturadas no chão e pedir que cada participante escolha uma.

- Forme os grupos
- Entregue a cada grupo um envelope da cor com um tema polêmico a ser apresentado.
- Peça que escolham um facilitador no grupo e façam o planejamento da apresentação.
- Cada grupo terá cinco minutos para apresentação.
- As perguntas serão livres por mais cinco minutos.

**SUGESTÃO DE TEMAS**

**ABORTO**

**CASAMENTO HOMOSSEXUAL**

**PENA DE MORTE**

**CICLO DA APRENDIZAGEM VIVENCIAL**
O relato, o processamento e as outras etapas poderão ser feitas após a apresentação de cada grupo.

## FRENTE A FRENTE

**OBJETIVO**
Incentivar os participantes a conversarem entre si e a se conhecerem melhor.

**INDICADORES**
- Integração
- Formação de equipes
- Administração de conflitos
- *Feedback*

**FASE DO GRUPO**
- Inclusão e Controle

**APLICAÇÃO**
Seleção, Treinamento e Desenvolvimento

## MATERIAL
Uma folha de papel para cada participante.

## TEMPO APROXIMADO
60 minutos

## DESENVOLVIMENTO

### 1ª etapa
- Solicitar a formação de duas equipes (A e B).
- Cada equipe deverá formular uma pergunta para cada participante do outro subgrupo.
- Deixar uns 20 minutos para que cada uma faça o planejamento.

### 2ª etapa
- Equipe A – faz perguntas para cada participante da equipe B (que poderá ou não responder).
- Equipe B – faz perguntas para cada participante da equipe A (que poderá ou não responder).

## CICLO DA APRENDIZAGEM VIVENCIAL

**RELATO**: Palavra livre – solicitar que falem sobre seus sentimentos.

**PROCESSAMENTO**: Espaços para os participantes falarem sobre suas dificuldades e facilidades ao elaborar e responder as perguntas.

**GENERALIZAÇÃO**: No dia a dia na vida de cada um, como isso acontece?

**APLICAÇÃO**: Qual o aprendizado com o exercício? Para que serviu esta atividade?

## GENTILEZA GERA GENTILEZA

**OBJETIVO**
Fortalecer entre os participantes comportamentos mais cooperativos e gentis.

**INDICADORES**
- Integração
- Parceria
- Desapego
- Administração de conflitos

**FASE DO GRUPO**
– Inclusão, Controle e Afeição

**APLICAÇÃO**
Seleção, Treinamento e Desenvolvimento

**MATERIAL**
– Objetos pessoais

**TEMPO APROXIMADO**
– 20 minutos

**DESENVOLVIMENTO**

**1ª etapa**
– Solicitar a formação de duplas (A e B).
– Cada participante deverá pegar um objeto pessoal e segurá-lo, mantendo as duas mãos fechadas à sua frente.

**2ª etapa**
– Dizer que a dupla não poderá falar até terminar o exercício.
– O objetivo da dupla será fazer com que o parceiro lhe entregue o objeto que está em sua mão.

– Dar uns dois minutos para que atinjam o objetivo e pare o exercício para as reflexões, começando a ouvir quem conseguiu e como conseguiu.

**CICLO DA APRENDIZAGEM VIVENCIAL**

**RELATO**: Palavra livre para o relato de sentimentos e sensações.

**PROCESSAMENTO**: Espaços para os participantes falarem sobre suas dificuldades e facilidades.

**GENERALIZAÇÃO**: No dia a dia na vida de cada um, como isso acontece?

**APLICAÇÃO**: Qual o aprendizado com o exercício? Para que serviu esta atividade?

**FECHAMENTO:** Reforçar a importância da cooperação e falar também sobre outros comportamentos gentis e educados que podemos adotar no nosso dia a dia, como forma de convidar o outro também a ser gentil e cooperativo. Se houver tempo disponível, poderá ainda colocar o vídeo "Gentileza, gera gentileza" (pode ser baixado pelo YOUTUBE).

## GESTICULANDO

**OBJETIVO**
Proporcionar o exercício da comunicação não verbal.

**APLICAÇÃO**
Treinamento e Desenvolvimento

**INDICADORES**
- Comunicação
- Criatividade

**FASE DO GRUPO**
Todas as fases do grupo

**MATERIAL**
Folha para cada grupo.

**TEMPO**
Dez minutos

**DESENVOLVIMENTO**
1. Formar dois grupos.
2. Solicitar que cada grupo procure o melhor gesto que simbolize a palavra.
3. Na apresentação, os grupos ficam frente a frente.
4. Um grupo apresenta o gesto, o outro diz o que significa e assim sucessivamente até terminar.
5. Após o exercício, deixar comentários livres e o Facilitador faz as complementações necessárias.

**Sugestão para o exercício:**

**GESTOS: GRUPO 01**
PASSAR A IDEIA DE:
- ENUMERAR PARTES
- SEPARAÇÃO

- UNIÃO
- FORÇA
- NEGAÇÃO
- AFIRMAÇÃO
- TEMPO (passado)
- SURGIR
- ACALMAR
- DENTRO
- FORA
- GIRAR
- AUMENTAR
- SILÊNCIO
- PEQUENO
- LINHA RETA

**GESTOS: GRUPO 02**
PASSAR IDEIA DE:
- CONTROLAR
- ALTO
- PRÓPRIO
- PENSAR
- DESCONHECER
- DISTÂNCIA
- ATENÇÃO
- PEDIR
- OUVIR
- CHEIRAR
- VER
- ACUSAR
- CHEIO
- TEMPO (futuro)
- CAMINHAR
- INTERROGAÇÃO

Fazer as outras etapas do CAV (relato, processamento, generalização e aplicação), fazendo **o FECHAMENTO** ao final.

## GINÁSTICA PARA LÍDERES

**OBJETIVO**
Vitalizar e descontrair o grupo, estimulando a reflexão de pontos fundamentais ao exercício da liderança.

**APLICAÇÃO**
Treinamento e desenvolvimento de líderes

**INDICADORES**
- *Feedback*
- Motivação

**MATERIAL**
– Folha para orientação do Facilitador.

**TEMPO APROXIMADO**
De 15 a 30 minutos, dependendo das colocações do grupo.

**DESENVOLVIMENTO**
1. Pedir que todos fiquem de pé.
2. Ir passando as instruções, repetindo até que todos tenham aprendido os comandos.
3. Após a apresentação final, fazer os comentários.

**CICLO DA APRENDIZAGEM VIVENCIAL**

**RELATO:** Perguntar ao grupo: positivo, mais ou menos ou negativo?

**PROCESSAMENTO:** Ouvir os comentários e depois passar slides com os itens abaixo, estimulando a reflexão dos pontos fundamentais ao exercício da liderança.

**GENERALIZAÇÃO:** E no dia a dia, como é a ginástica de vocês? O que acontece?

**APLICAÇÃO:** Quais as competências a serem trabalhadas?

**FECHAMENTO:** Fechar fortalecendo a necessidade de desenvolver as competências.

**FOLHA PARA ORIENTAÇÃO DO FACILITADOR**

**GINÁSTICA PARA LÍDERES**

SE você é **MOTIVADO,** levante os dois braços por três vezes.

SE você gosta de **DESAFIOS,** corra no mesmo lugar.

SE trabalhar em **EQUIPE** for importante, faça movimentos com os braços para direita e esquerda.

SE você gosta de **TRABALHAR NESTA EMPRESA**, faça movimentos com a cabeça para frente e para trás.

SE você **faz o que fala,** diga SIM.

SE você tem **TAREFAS** pendentes, diga Chô, Chô...

SE você se **RELACIONA** bem, cumprimente o colega ao lado.

SE você quer ser **FLEXÍVEL,** faça um movimento giratório com o troco.

SE você é **PRODUTIVO,** bata palmas.

SE você é **COMPROMETIDO,** diga RÁ RÁ RÁ.

## JOGANDO COM O NOME

**OBJETIVO**
Proporcionar a apresentação e integração do grupo.

## INDICADORES
- Integração
- Comunicação
- Criatividade

## FASE DO GRUPO
Inclusão

## MATERIAL
Peteca

## TEMPO
Dez minutos

## DESENVOLVIMENTO
Todos os participantes ficam em pé, inclusive o Facilitador, formando um círculo. De posse da peteca, ou bola, cada participante deve dizer:

*NOME OU NOME PELO QUAL GOSTA
DE SER CHAMADO*

*E O QUE MAIS GOSTA DE FAZER*

Iniciando pelo Facilitador, todos se apresentam.
Aquele que:
- deixar cair a peteca,
- passar para um participante que já se apresentou
- ou esquecer algum item da apresentação, **deve acrescentar mais um item na apresentação.**

## CICLO DA APRENDIZAGEM VIVENCIAL

Ao final, deixar a palavra livre para os comentários.

**FECHAMENTO:** Pelo Facilitador, com seus comentários.

## JOGO DA EXCELÊNCIA

**OBJETIVOS**
- Descontrair, vitalizar e integrar os participantes.
- Favorecer a reflexão sobre conceitos de excelência no atendimento.

**INDICADORES**
- Planejamento
- Trabalho em equipe

**APLICABILIDADE**
Seleção, Treinamento e Desenvolvimento

**TEMPO APROXIMADO**
40 minutos

**MATERIAL**
- Frases recortadas

**FASE DO GRUPO**
Todas as fases

**DESENVOLVIMENTO**
- Formar quatro equipes.
- Distribuir uma frase para cada grupo dentro do envelope.
- Todos os grupos devem abrir o envelope ao mesmo tempo.
- Ganha o grupo que formar a frase primeiro: EXCELÊNCIA NO ATENDIMENTO SIGNIFICA...
- Recolher o material e fazer a 2ª, 3ª e 4ª rodada, mudando as frases para cada grupo.
- No flip chart, ir anotando a pontuação.

**CICLO DA APRENDIZAGEM VIVENCIAL**

**RELATO:** Palavra livre.

**PROCESSAMENTO:** Pedir que cada grupo fale sobre o que aconteceu no decorrer do jogo.

**GENERALIZAÇÃO:** Qual a semelhança do exercício com o dia a dia? Ir comentando com o grupo cada frase.

**APLICAÇÃO:** Qual o aprendizado com o exercício?

**FECHAMENTO:** Pelo Facilitador, com seus comentários.

**SUGESTÃO PARA FRASES SOBRE ATENDIMENTO**
- prestar um atendimento muito melhor que o dado pela concorrência.
- fazer o que ninguém faz ou da maneira que os outros não fazem ainda.
- agir continuamente a fim de melhorar o atendimento que você oferece.
- demonstrar paciência, cortesia e respeito com as pessoas independentemente da maneira como tratam você.
- tratar a todos de maneira *positiva, não importando a aparência, a maneira de vestir e falar.*

## JOGO DAS ARGOLAS

**OBJETIVOS**
- Descontrair, vitalizar e integrar os participantes.
- Selecionar a forma de apresentações em equipes.

**INDICADORES**
- Planejamento
- Trabalho em equipe

**APLICABILIDADE**
Seleção, Treinamento e Desenvolvimento

**TEMPO**
60 minutos

## MATERIAL
- Seis argolas
- Suportes para jogar as argolas ou duas garrafas de refrigerante de dois litros
- Três temas pertinentes ao trabalho

## FASE DO GRUPO
Todas as fases

## DESENVOLVIMENTO

### 1ª parte
Instruções: Formar quatro equipes
1. Maior número de pontos não apresenta, só fará os comentários.
2. Segunda pontuação, escolhe o tema.
3. Terceira e quarta pontuações, a decisão será par ou ímpar.

Cada equipe poderá arremessar seis argolas e terão dez minutos para treinamento.

### 2ª parte
Planejamento da apresentação e apresentação livre do tema.

## CICLO DA APRENDIZAGEM VIVENCIAL

**RELATO**: Palavra livre.

**PROCESSAMENTO**: Pedir que falem sobre suas dificuldades e facilidades.

**GENERALIZAÇÃO**: Qual a semelhança do exercício com o dia a dia?

**APLICAÇÃO**: Qual o aprendizado com o exercício?

## JOGO DE BOLINHAS DE TÊNIS

**OBJETIVOS**
- Mostrar aos participantes que treinando há aprendizado.
- Estimular o trabalho em equipe.

**INDICADORES**
- Liderança
- Planejamento
- Criatividade
- Cooperação
- Trabalho em equipe

**APLICABILIDADE**
Treinamento e Desenvolvimento, Programas Gerenciais

**FASES DO GRUPO**
Todas as fases

**MATERIAL**
- Seis bolinhas de tênis.

**TEMPO APROXIMADO**
Duas horas

**DESENVOLVIMENTO**

**1ª alternativa**
- Formar duas equipes e pedir que escolham o líder de cada uma.
- O facilitador distribui três bolinhas para cada equipe e lança o desafio: criar jogadas com todos os participantes da equipe, de forma a manter as bolinhas no ar pelo maior tempo possível.
- Será ganhadora a equipe que permanecer com as três bolinhas no ar por mais tempo.

**Atenção!** Durante o dia, o facilitador poderá abrir espaço por umas três vezes para o treinamento.

## 2ª alternativa
- Da mesma forma que a anterior, o facilitador poderá estimular a troca entre as equipes, de forma que possam melhorar a *performance*, desde que a apresentação não seja conjunta.

## CICLO DA APRENDIZAGEM VIVENCIAL

**RELATO:** Espaço livre.

**PROCESSAMENTO:** Espaço para os participantes falarem sobre suas dificuldades e facilidades, comentando o ocorrido em cada etapa do treinamento. Ouvir o líder de cada equipe. Ouvir o que os participantes têm a dizer sobre a atuação do líder.

**GENERALIZAÇÃO:** Comparações com as situações vivenciadas no dia a dia e fazer a complementação teórica.

**APLICAÇÃO:** Que aprendizado o grupo tirou da vivência?

**FECHAMENTO:** Pelo Facilitador, com seus comentários.

## JOGO DE ESTRELAS

## OBJETIVO
Estimular o contato entre pessoas que trabalham juntas, favorecendo o exercício da troca e união entre os participantes.

## INDICADORES
- Interação
- Planejamento
- Negociação
- Criatividade
- Cooperação
- Trabalho em equipe

## FASES DO GRUPO
Todas as fases, mas principalmente na inclusão e reinclusão.

## MATERIAL
30 peças de estrelas com cinco cores diferentes.

## DESENVOLVIMENTO

**1ª etapa**
1. Formar trios e pedir que cada trio escolha a sua cor. O Facilitador distribui três estrelas para cada subgrupo (total de 30 peças) e explica que cada estrela é formada de duas partes.
2. Lançar o 1º objetivo.

**1º objetivo:** OBTER O MAIOR NÚMERO DE ESTRELAS DE CORES DIFERENTES.
1. Fazer a leitura falando da importância da troca, do compartilhar, do ajudar e do planejamento.
2. Falar da interdependência (estamos amarrados), o que cada líder representa no seu núcleo e na cooperativa como um todo.

**2ª etapa**
1. Formar três ou dois grupos e lançar o 2º objetivo.

**2º objetivo:** MONTAR UMA FRASE QUE REPRESENTE A IMPORTÂNCIA DAS EQUIPES PARA O DESENVOLVIMENTO DA EMPRESA.
1. Cada grupo apresenta e faz as colocações devidas.

**3ª etapa**

**3º objetivo:** Formar o grupão e lançar o 3º objetivo: MONTAR UMA FRASE COLETIVA QUE REPRESENTE A IMPORTÂNCIA DAS EQUIPES PARA O DESENVOLVIMENTO DA EMPRESA.

## CICLO DA APRENDIZAGEM VIVENCIAL

**RELATO:** Espaço livre.

**PROCESSAMENTO:** Espaço para os participantes falarem sobre suas dificuldades e facilidades.

**GENERALIZAÇÃO:** Comparações com as situações vivenciadas no dia a dia. Fazer a complementação teórica.

**APLICAÇÃO:** Que aprendizado o grupo tirou da vivência?

**FECHAMENTO:** Pelo Facilitador, com seus comentários.

## JOGO DO LENÇO

*(Criação de Antonella F. Barreto e Patrícia Paulinelli Seba)*

**TEMA CENTRAL**
Comunicação

**OBJETIVO**
Permitir ao participante refletir sobre a sua forma de comunicação.

**INDICADORES**
- Prontidão
- Raciocínio verbal
- Trabalho sob pressão

## APLICABILIDADE
Desenvolvimento, Treinamento, Acompanhamento e Seleção

## FASE DO GRUPO
Controle

## AMBIENTE
Interno – sala espaçosa; ou externo (local espaçoso – terreno plano).

## MATERIAL
- um rolo de fita crepe 3M (2,5 cm x 50 m);
- três folhas de flip chart;
- Caixas de caneta hidrocor – duas com 12 cores cada;
- Flip chart;
- um lenço colorido.

## NÚMERO DE PARTICIPANTES
Máximo de 20 pessoas

## TEMPO
30 minutos

## DESENVOLVIMENTO
O Facilitador convida o grupo a formar dois sub-grupos com o mesmo número de participantes. Caso o grupo seja ímpar, indique uma pessoa para ser o juiz do jogo. Solicite a escolha de nomes para os subgrupos. Demarque o local do jogo com fita crepe formando um retângulo de 8 m de comprimento por 4 m de largura, sendo ele divido no comprimento em duas partes iguais. Posicione os subgrupos nas duas linhas horizontais do retângulo, numere os participantes dos dois subgrupos respectivamente de um a nove e explique o jogo.

## O JOGO
O Facilitador se encontrará no meio do "campo" com um lenço na mão. Assim que levantar o lenço, o

Facilitador indicará uma **palavra-chave** e um **número**. **(Exemplo: A palavra chave é X e eu chamo o nº Y.)**. O número indicado de cada subgrupo deve se dirigir ao centro, sem correr, e pegar o lenço. Os participantes que se dirigem ao centro com a finalidade de pegar o lenço devem andar o mais rápido possível encostando um pé no outro. A pessoa que pegar o lenço primeiro deve voltar ao seu lugar da mesma forma, sem correr, para que seu subgrupo obtenha pontuação. O competidor que estiver sem o lenço na mão tem o poder de parar imediatamente o seu concorrente e recuperar o lenço. Para isso, deve pronunciar de imediato a **palavra-chave** orientada pelo Facilitador. E assim sucessivamente. Acontecerá um verdadeiro **troca-troca** de **palavras-chave** entre os concorrentes, e quem chegar ao seu local primeiro com o lenço na mão marca ponto para o seu subgrupo. Vence o jogo o subgrupo que alcançar **15 pontos** primeiro.

**REGRAS**
1. Os participantes devem andar rapidamente, sem correr, posicionando um pé na frente do outro, sempre os encostando;
2. As **palavras-chave** trocadas na hora do jogo não podem se repetir durante a mesma rodada;
3. Quando o participante sem o lenço pronunciar a **palavra-chave**, o participante que estiver segurando o lenço deve parar imediatamente e entregá-lo. O lenço deve ser entregue sempre com o braço esticado de forma horizontal para esquerda ou direita.
4. Os integrantes dos subgrupos não podem ajudar quem estiver no "campo" participando da competição pelo lenço. Se houver comunicação verbal / ajuda, o subgrupo que ajudou será punido. A rodada é paralisada e o outro subgrupo marca imediatamente **um ponto**.
5. Os números (participantes) podem ser chamados mais de uma vez; vence o grupo que alcançar **15 pontos** primeiro.

**PALAVRAS-CHAVE:**
- nome das capitais brasileiras
- um adjetivo qualquer
- nome de países
- nome de flores
- nome de frutas
- um objeto feminino qualquer
- nome de animais
- uma profissão qualquer

**CICLO DA APRENDIZAGEM VIVENCIAL**

**RELATO:** Trabalhar até o relato com o Mural de sentimentos. O facilitador disponibiliza canetas coloridas e solicita que os participantes escrevam na folha de Flip Chart um ou mais sentimentos. Logo em seguida, faz o **FECHAMENTO**.

## MANDANDO, NEGOCIANDO, DEIXANDO E EQUILIBRANDO

**OBJETIVO**
Possibilitar aos participantes uma reflexão de como os estilos pessoais interferem no clima do grupo.

**INDICADORES**
- Administração de conflitos
- Flexibilidade
- Negociação
- Liderança
- Comunicação
- Criatividade

**APLICABILIDADE**
Seleção, Treinamento, Desenvolvimento e Acompanhamento

**FASE DO GRUPO**
Controle

## Capítulo V – "Criando e Recriando Ferramentas Saborosas..."

**MATERIAL**
Folha com estudo de casos.

**TEMPO**
60 minutos

**DESENVOLVIMENTO**
1. Pedir quatro voluntários para atuarem como coordenadores de grupos.
2. Passar a eles a folha de estudo de casos e dar as seguintes instruções, fora da sala:

Cada um deverá escolher um papel a ser desempenhado no grupo:
  Autoritário (deve impor e mandar)
  Democrático (negociar e ouvir)
  "Laissez faire" (deixar solto, não interferir)
  e um que deverá transitar por todos os estilos, conforme a necessidade

Os papéis não poderão ser revelados ao grupo.

4. Dividir os participantes em quatro grupos dizendo que cada coordenador assumirá um grupo.

A tarefa de todos será buscar soluções para os casos apresentados em 30 minutos.

**Atenção:** Os casos poderão ser adequados conforme a necessidade do grupo ou assunto estudado.

**ESTUDO DE CASO**

**Pense no contexto de sua empresa...**
01. Você é o gerente de uma unidade com 25 colaboradores. Carlos faz uma solicitação de férias para resolver alguns problemas particulares (ele tem férias vencidas) e você precisa dizer NÃO. COMO FAZ?
02. Você é gerente e está atendendo um colaborador que pediu para falar com você em particular (o assunto é familiar). Vocês estão começando a conversar e o

telefone não para de tocar, inclusive o superintendente da área deseja lhe falar com urgência. Qual a sua conduta?
03. Miguel parece apresentar resistência em relação a você. Demonstra insatisfação e certa hostilidade ao dirigir-lhe a palavra. Qual a sua atitude em relação a Miguel?
04. Marta e Joana trabalham perto uma da outra e sempre estão conversando baixo; quando você passa parecem mudar de assunto. Um dia você ouve o seu nome e elas negam estarem falando algo sobre você. Como faz a abordagem?
05. Você chama a atenção de um colaborador na frente de outras pessoas. Ele não fala nada e sai. Logo em seguida ele vai até sua sala nervoso, agitado e diz que não gostou do ocorrido. Qual a sua reação?
06. Carlos tem se comportado de uma maneira estranha, mas garante que está bem. Na segunda-feira comparece à sua sala dizendo que precisa acertar algumas coisas com você, como, por exemplo, "o dedo que você colocou em seu nariz um dia". Ele está agressivo. O que você faz?
07. João sempre tem chegado atrasado ao trabalho e recentemente tem faltado algumas vezes, sempre se "justificando". Como você trata a situação?
08. Mariana e Lara trabalham na mesma sala e não se falam. Como você age nesta situação?
09. Fofocas e fofocas. Andam comentando que um colaborador seu está andando com a mulher de outro colaborador de sua unidade (e é verdade). Você faz alguma intervenção?
10. Você tomou posse recentemente. Um colaborador chega aparentemente embriagado. Como você lida com a situação?

## CICLO DA APRENDIZAGEM VIVENCIAL

**RELATO:** Deixar que os participantes manifestem seus sentimentos em relação ao estilo do líder. Ouvir grupo a grupo. Por último, ouvir os sentimentos do líder.

**PROCESSAMENTO:** Espaço para os participantes falarem sobre suas dificuldades e facilidades. Espaço para o líder de cada grupo falar sobre suas dificuldades e facilidades e trazer suas percepções durante o trabalho.

**GENERALIZAÇÃO:** Comparações com as situações vivenciadas no dia a dia. Fazer a complementação teórica.

**APLICAÇÃO:** Que aprendizado o grupo tirou da vivência?

**FECHAMENTO:** Falar sobre características de estilos da liderança.

## MONTANDO E APRESENTANDO

**OBJETIVO**
Permitir ao grupo vivenciar as partes de uma apresentação.

**APLICAÇÃO**
Treinamento e Desenvolvimento

**MATERIAL**
Temas elaborados em cartões coloridos.

**TEMPO APROXIMADO**
120 minutos

**DESENVOLVIMENTO**

Dividir o grupo em cinco subgrupos.

**1ª Etapa**: Distribuir material em cartões coloridos contendo temas, objetivos e conteúdos.

**2ª Etapa**: Apresentação dos subgrupos.

**3ª Etapa**: Distribuir novos cartões com formas de se fazer introdução, desenvolvimento do tema e conclusão. Os participantes deverão escolher a melhor forma de fazer a apresentação.

**4ª Etapa**: Cada grupo faz a apresentação.

## CICLO DA APRENDIZAGEM VIVENCIAL

**RELATO**: Espaço livre.

**PROCESSAMENTO**: Espaço para os participantes falarem sobre suas dificuldades e facilidades.

**GENERALIZAÇÃO**: Comparações com as situações vivenciadas no dia a dia. Fazer a complementação teórica.

**APLICAÇÃO**: Que aprendizado o grupo tirou da vivência?

## SUGESTÕES DE TEMAS PARA AS "APRESENTAÇÕES"

– **O novo tipo de avós**
– **O barulho provocado pelos vizinhos**
– **Curiosidades sobre a natureza**
– **A migração de animais para habitats diferentes**
– **Invasão de privacidade**
– **A educação no Brasil**
– **O país de mãos leves**
– **Tropa de elite – ficção x realidade**
– **Trânsito feliz**
– **Como não perder dinheiro na empresa**
– **Carreira e família**
– **Aborto**
- **Implante de silicone**
- **Virgindade (masculina e feminina)**
- **Casamento**
- **Receber ou oferecer "propina"**
- **Redes sociais;**
– **Qualidade de vida no trabalho**

(Alguns temas que foram apresentados em empresas em que ministrei treinamento)

## MUDANÇA DE ZERO A DEZ

**OBJETIVO**
Proporcionar aos participantes a reflexão quanto às resistências que temos às mudanças e a necessidade de mudar.

**INDICADORES**
- Comunicação
- Integração
- Flexibilidade
- Criatividade
- Mudança

**FASE DO GRUPO**
Todas as fases

**MATERIAL**
Folha de papel e caneta.

**TEMPO APROXIMADO**
15 minutos

**DESENVOLVIMENTO**
Pedir aos participantes que escrevam de zero a dez, prestando atenção a como se escreve cada número.
Em duplas ou trios, pedir que encontrem outras formas de escrever os números, somente movimentando o próprio corpo.
Cada trio escolherá três números para apresentar aos demais.

**CICLO DA APRENDIZAGEM VIVENCIAL**

**RELATO:** Perguntar sobre sentimentos e sensações, deixando livre para cada trio se manifestar.

**PROCESSAMENTO:** Pedir que relatem as dificuldades que encontraram para realizar o exercício e outros comentários ocorridos no trio.

**GENERALIZAÇÃO:** E na empresa, o que acontece?

**FECHAMENTO:** Fazer o fechamento falando sobre o processo de mudança.

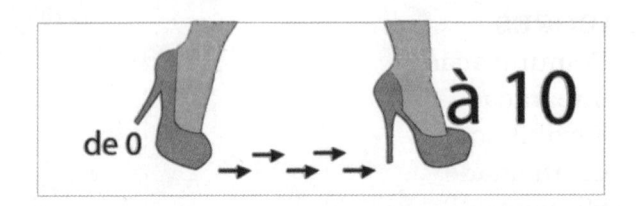

de 0 → → → → à 10

## MUDANDO O RITMO

**OBJETIVO**
Proporcionar integração e descontração do grupo.

**INDICADORES**
- Comunicação
- Integração
- Mudança

**FASE DO GRUPO**
Todas as fases

**MATERIAL**
Música vitalizadora

**TEMPO**
Dez minutos

**DESENVOLVIMENTO**
Todos os participantes ficam de pé, caminhando ao ritmo da música e, logo em seguida, o Facilitador vai mudando os comandos, conforme as sugestões:

- Andar depressa
- Em zigue-zague
- Em câmera lenta
- Como um robô
- De braços dados dois a dois
- Abraçados cinco a cinco
- Sozinhos
- Fazendo trenzinho
- Com o sexo oposto
- Todo mundo junto...

## CICLO DA APRENDIZAGEM VIVENCIAL

Fazer até o **RELATO** e, logo em seguida, o **FECHAMENTO** com uma reflexão sobre os diversos tipos de caminhadas que fazemos no nosso dia a dia.

## MULTIPLICAR X DELETAR

### OBJETIVO
Vitalizar o grupo e exercitar em equipe os pontos a multiplicar e deletar no ambiente de trabalho.

### APLICAÇÃO
Treinamento e Desenvolvimento

### INDICADORES
- Comunicação
- Saber ouvir
- Integração
- Trabalho em equipe
- Percepção
- Atenção

### MATERIAL
Preparar uma relação dos pontos que se quer fazer o exercício.
Slides

**FASE DO GRUPO**
Todas as fases

**TEMPO APROXIMADO**
40 minutos

**DESENVOLVIMENTO**

**1ª Alternativa**
1. Todos em círculo.
2. Passar os slides com os pontos.
3. Perguntar ao grupo: MULTIPLICAR OU DELETAR?
4. Os participantes deverão responder ao mesmo tempo.

**2ª Alternativa**
1. Dividir a turma em grupos.
2. Passar a folha com os pontos para cada grupo conversar.
3. Logo em seguida, fazer a pergunta para que os grupos respondam alto e ao mesmo tempo.

**CICLO DA APRENDIZAGEM VIVENCIAL**

**RELATO:** Palavra livre.

**PROCESSAMENTO:** Pedir que falem sobre suas dificuldades e facilidades.

**GENERALIZAÇÃO:** Cada grupo fala sobre as ocorrências de situações no próprio ambiente de trabalho.

**APLICAÇÃO:** O que aprenderam com o exercício? O que é necessário multiplicar com maior intensidade?

**FECHAMENTO:** Pelo Facilitador, com seus comentários.

## SUGESTÃO PARA O EXERCÍCIO

## MULTIPLICAR OU DELETAR?

**Instruções**
Marque com um M ou D

**01. Uma boa postura profissional**
M ( )        D ( )

**02. Fofocas**
M ( )        D ( )

**03. O alto nível de comprometimento**
M ( )        D ( )

**04. O mau humor**
M ( )        D ( )

**05. Relacionamentos saudáveis**
M ( )        D ( )

**06. Simpatia**
M ( )        D ( )

**07. Cortesia ao telefone**
M ( )        D ( )

**08. Impaciência**
M ( )        D ( )

**09. Cooperação**
M ( )        D ( )

**10. Situações desagradáveis**
M ( )        D ( )

## NA PASSARELA

**OBJETIVO**
Promover a despedida dos participantes com muita energia positiva.

**INDICADORES**
- *Feedback*
- Criatividade

**APLICAÇÃO**
Treinamento e Desenvolvimento

**MATERIAL**
- Música vitalizadora
- Papéis coloridos picados (se quiser incrementar)

**TEMPO APROXIMADO**
30 minutos

**DESENVOLVIMENTO**
1. Solicitar que os participantes escolham o seu par.
2. Pedir que formem um corredor, um de frente para o outro, de forma que o meio seja a Passarela.
3. Dar as seguintes instruções: de mãos dadas, cada par deverá passar pela passarela e se colocar no último lugar da fila.
4. Ao passarem pelo corredor, todos os participantes deverão aplaudir muito e jogar papéis coloridos na dupla.
5. Colocar uma música vitalizadora e começar a atividade.

**CICLO DA APRENDIZAGEM VIVENCIAL**

Fazer até o **RELATO** e deixar espaço livre para quem desejar se manifestar.

**FECHAMENTO:** Pelo Facilitador, com seus comentários.

## NO "BOTECO"

**OBJETIVOS**
- Promover a integração.
- Ajudar os participantes a gravarem nomes e vitalizar o grupo.

**INDICADORES**
- Prontidão
- Integração
- Melhoria de processo
- Mudança

**FASE DO GRUPO**
Todas as fases

**DESENVOLVIMENTO**
O facilitador solicita que todos se sentem em círculo de forma que fique uma cadeira vaga. Em ritmo lento, dá as instruções ao grupo para que todos aprendam o processo.

01. O processo será: **EU SENTEI** (o participante passa para a cadeira vaga e diz: eu sentei).

02. O próximo colega ficará com a cadeira vaga também e dirá passando para a outra cadeira: **NO BOTECO**.

03. E o terceiro colega passará para a outra cadeira vaga também dizendo: **COM MEU(INHA) AMIGO(A)...** e chamará o nome de um(a) colega que esteja longe dele. O(A) colega sairá do lugar e se sentará ao lado de quem o(a) chamou.

04. O processo continuará a partir da cadeira que ficar vaga da seguinte forma: quem estiver à direita ou esquerda de quem saiu do lugar disputará a cadeira, dizendo: EU SENTEI... NO BOTECO...COM MEU(INHA) AMIGO(A)... e assim sucessivamente.

**CICLO DA APRENDIZAGEM VIVENCIAL**

**RELATO:** Pedir que os participantes sinalizem o seu grau de satisfação: alto, médio ou baixo.

**PROCESSAMENTO:** Solicitar que falem sobre os aspectos positivos e negativos do exercício.

**GENERALIZAÇÃO:** Quais as comparações que se pode fazer do exercício com as situações que ocorrem diariamente.

**FECHAMENTO:** Pelo Facilitador, com seus comentários.

## NOVOS COMPADRES

**OBJETIVO**
Promover a integração, dissolver "panelinhas" e vitalizar o grupo.

**INDICADORES**
- Prontidão
- Integração

## FASE DO GRUPO
Todas as fases

## DESENVOLVIMENTO
O facilitador solicita que todos se despeçam dos compadres da direita e esquerda, peguem as suas "bagagens" (bolsas, pastas, casacos, material do evento etc.) e, em seguida, orienta: "Quando eu disser **JÁ**, todos deverão trocar de lugar, de modo que ninguém fique ao lado de quem estava antes".

Quando todos estiverem novamente acomodados, sugira que se cumprimentem e deem boas-vindas aos novos compadres. Reforce a importância da integração, das mudanças etc.

Pode-se fazer o exercício várias vezes, inclusive para separar grupinhos e minimizar conversas paralelas.

## CICLO DA APRENDIZAGEM VIVENCIAL
Fazer até o RELATO e pedir que os participantes sinalizem + ou -.

**FECHAMENTO:** Fechar ressaltando a importância da interação/integração nos diversos grupos.

# O PRÊMIO

## OBJETIVO
Estabelecer prioridades e buscar consenso para solucionar problema.

## INDICADORES
- Persuasão
- Negociação
- Planejamento
- Empatia, saber ouvir
- Espírito de equipe
- Foco em resultados

## MATERIAIS
Folhas em branco, formulário do exercício.

## TEMPO
Uma hora

## DESENVOLVIMENTO
A empresa X tem investido fortemente no marketing de reconhecimento de seus colaboradores. A diretoria decidiu premiar a área Y que superou as metas do semestre, e solicitou que todos os colaboradores respondessem o formulário abaixo, com o objetivo de focar e conhecer os anseios de cada um.

Para participar da premiação, vocês deverão:
1. Responder individualmente o formulário.
2. Em seguida, formar trios, tendo em vista que cada trio receberá um prêmio.
3. Cada trio, por consenso, deverá colocar em ordem crescente os prêmios, conforme a preferência do trio.
4. Uma pessoa de cada trio terá a chance de mudar de trio. Para isso, deverão conversar entre si e efetuar as mudanças.
5. O prêmio de cada trio será o mesmo.

## PREMIAÇÃO
01) Receber uma carta de parabéns, ser notícia no jornal interno da empresa e ser promovido a cargos de maiores responsabilidades dentro de três meses.
02) Estabilidade por três anos na Empresa e um vale-presente no valor de 50% do salário-base.
03) Sorteio de um apartamento de três quartos, nas proximidades da empresa, e mais um Gol 0 km. Mais de 400 colaboradores participarão do sorteio.
04) Uma viagem a Paris, por uma semana, para participar da maior feira do setor.
05) Uma visita técnica internacional de três dias e mais três dias de passeio, incluindo hospedagem e alimentação.
06) Trocar *know-how* com parceiros nacionais – o colaborador escolhe os parceiros. Todas as despesas serão por conta da empresa – durante sete dias.

07) Uma viagem, com acompanhante, para um *resort* na Costa do Sauípe, na Bahia – sete dias.
08) O prêmio pago em dinheiro em duas etapas, sendo 50% do salário referente ao primeiro semestre e 40% referente ao segundo. O colaborador ainda terá uma semana de folga remunerada.
09) Liberação e pagamento de até três cursos externos de atualização e capacitação.
10) Uma viagem de férias para a Espanha de sete dias, com hospedagem.
11) Uma viagem de férias para Bahamas de cinco dias, com tudo pago.
12) Um cruzeiro na Grécia de cinco dias.
13) Um curso de idioma pago integralmente pela empresa.
14) Empréstimo imediato de R$ 20.000,00, sem juros, em 36 meses.
15) Horário flexível de trabalho.
16) Licenças especiais não remuneradas para viagens ou cursos.
17) Sexta-feira de folga durante um ano.

**CICLO DA APRENDIZAGEM VIVENCIAL**
Fazer o RELATO, pedindo que os trios se manifestem ou sinalizem + ou -.

**FECHAMENTO:** Fechar ressaltando a importância do respeito às diferenças individuais, de administrar os conflitos e buscar consenso nos diversos grupos.

## O SEMÁFORO

**OBJETIVO**
Vitalizar o grupo.

**INDICADORES**
Prontidão

## FASES DO GRUPO
Todas as fases

## MATERIAL NECESSÁRIO
Música vitalizadora (de preferência samba)
Preparar separadamente as cores do semáforo em cartolina

## DESENVOLVIMENTO
1) Solicitar a formação de duplas, dar as instruções e colocar a música.
2) Durante toda a música, dar os seguintes comandos:
   - O semáforo está vermelho: todos devem continuar dançando;
   - O semáforo está amarelo: todos devem mudar de par;
   - O semáforo está verde: a dança deve parar e a música continuar.
3) Dar os comandos até finalizar a música.

### CICLO DA APRENDIZAGEM VIVENCIAL

**RELATO:** Perguntar ao grupo, mostrando as cores do semáforo, como foi o exercício.

**PROCESSAMENTO:** O que foi mais difícil? E mais fácil?

**FECHAMENTO:** Para o fechamento, poderia deixar uma reflexão sobre o quanto resistimos às mudanças.

**(Adaptada pela autora a partir de exercícios em treinamentos.)**

## O QUE FAZER?

**OBJETIVO**
Promover a discussão sobre reclamações de colaboradores referentes a alguns tipos de gestores.

**INDICADORES**
- Comunicação
- Empatia
- Saber ouvir
- Flexibilidade
- Humildade
- Planejamento
- Estratégia
- Foco em resultado
- Relacionamento interpessoal

**APLICAÇÃO**
Seleção, Treinamento e Desenvolvimento

**MATERIAL**
Folha de informações

**TEMPO APROXIMADO**
40 minutos

**DESENVOLVIMENTO**
1. Dividir o grupo em subgrupos de até cinco participantes.
2. Distribuir a folha de informações para cada subgrupo.
3. Solicitar que o grupo analise as questões e formule uma proposta.
4. Ao final, solicitar que cada subgrupo faça a apresentação.

**CICLO DA APRENDIZAGEM VIVENCIAL**

**RELATO:** Com os participantes em círculo, solicitar que falem sobre seus sentimentos. Como se sentiu em relação ao seu plano de ação?

**PROCESSAMENTO:** Espaços para os participantes falarem sobre suas dificuldades e facilidades. O que achou dos planos apresentados?

**GENERALIZAÇÃO:** Qual a semelhança da vivência com o dia a dia na vida de cada um? Como classifica o seu plano em relação aos outros?

**APLICAÇÃO:** Que aprendizado o grupo tirou da vivência?

**FECHAMENTO:** Pelo Facilitador, com seus comentários.

## FOLHA DE INFORMAÇÕES

*Você é o gerente geral da Empresa X. Um funcionário de sua equipe, antigo e muito respeitado, chega a sua sala e apresenta-lhe um documento com as seguintes reclamações:*

*A equipe está insatisfeita com sua atuação enquanto gerente e alega:*

- *Retenção de informações*
- *Falta de educação para lidar com os colaboradores*
- *Relacionamento ruim, inclusive com outros setores*
- *Protecionismo*
- *Promessas não cumpridas*
- *"Jogo de empurra"*
- *Desmotivação e falta de compromisso com os resultados da equipe*
- *Chamar atenção na frente de clientes*
- *Falta de reconhecimento pelo esforço da equipe*

## O QUE VOCÊ FARIA?

**OBJETIVO**
Proporcionar aos participantes a autorrevelação e uma interação.

**APLICAÇÃO**
Treinamento, Desenvolvimento e Acompanhamento

**INDICADORES**
- Autorrevelação
- Assertividade
- Criatividade
- Capacidade de lidar com improvisos
- Conflitos

**FASE DO GRUPO**
Controle

**MATERIAL**
Cartas já preparadas com as frases que se quer trabalhar, conforme as necessidades do grupo.

**TEMPO APROXIMADO**
30 minutos

**DESENVOLVIMENTO**

1. Colocar os participantes em círculo e as cartas no centro do círculo ou em cima de uma mesa.

2. Cada participante, conforme sua disponibilidade, vai tirando uma carta e faz o comentário, até passar por todos.

**CICLO DA APRENDIZAGEM VIVENCIAL**

**RELATO**: Gostou/Não gostou?

**PROCESSAMENTO**: Espaços para os participantes falarem sobre suas dificuldades e facilidades.

**GENERALIZAÇÃO**: Semelhanças com o dia a dia?

**APLICAÇÃO**: Que aprendizado o grupo tirou da vivência?

**SUGESTÃO DE FRASES**

- O QUE VOCÊ FARIA SE, MESMO NÃO SENDO VERDADE, ALGUÉM FALASSE MAL DE VOCÊ?

- O QUE VOCÊ FARIA SE FOSSE ACUSADO(A) POR ALGUÉM DO GRUPO DE TER ROUBADO O DINHEIRO DO COLEGA?

- O QUE VOCÊ FARIA SE PRESENCIASSE UMA DISCUSSÃO ENTRE SUA MELHOR AMIGA E SEU SUPERVISOR?

- O QUE VOCÊ FARIA SE TIVESSE UM COLEGA QUE FAZ DE CONTA QUE TRABALHA?

- O QUE VOCÊ FARIA COM UMA PESSOA QUE VIVE JOGANDO INDIRETAS?

- O QUE VOCÊ FARIA SE ALGUÉM TE CULPASSE INJUSTAMENTE POR UM ERRO?

- O QUE VOCÊ FARIA SE VOCÊ SE ENCONTRASSE TRABALHANDO PARA ALGUÉM QUE NÃO CONSEGUISSE CONTROLAR SEU TEMPERAMENTO?

- O QUE VOCÊ FARIA SE UM COLEGA DE TRABALHO VIESSE TRABALHAR COM VOCÊ E ESTIVESSE SOB A INFLUÊNCIA DE DROGAS OU ÁLCOOL?

- O QUE VOCÊ FARIA SE PEGASSE UM COLEGA FURTANDO?

- O QUE VOCÊ DIRIA A UM EMPREGADO QUE FREQUENTEMENTE CHEGA ATRASADO PARA O TRABALHO?

- O QUE VOCÊ FARIA SE ACHASSE NO AMBIENTE DE TRABALHO UM ENVELOPE COM R$ 4.000,00?

- O QUE VOCÊ FAZ QUANDO UM EMPREGADO VEM ATÉ VOCÊ COM UM PROBLEMA PESSOAL?

- PARA QUE TIPO DE CONSELHO OU AJUDA SEUS COLEGAS DE TRABALHO VIRIAM ATÉ VOCÊ?

- QUE TIPO DE PESSOA LHE IRRITA?

- COM QUE TIPO DE PESSOA VOCÊ SE DÁ MELHOR?

## OBRA DE ARTE COM REVISTAS

**OBJETIVO**
Permitir ao grupo vivenciar um momento de criatividade, superação e elevação de autoestima.

**APLICAÇÃO**
Treinamento, Desenvolvimento e Acompanhamento

**INDICADORES**
- *Feedback*
- Criatividade
- Argumentação
- Negociação
- Trabalho em equipe
- Planejamento

**MATERIAL**
- Folhas de papel de rascunho
- Revistas, preferencialmente, VEJA, EXAME, ISTO É e VOCÊ

## TEMPO APROXIMADO
- Uma hora e meia para planejamento.
- Cinco minutos de apresentação para cada participante ou dupla.
- Para um grupo de 20 participantes, o tempo aproximado incluindo todas as fases será de três horas.

## DESENVOLVIMENTO

01. Pedir que todos fiquem em círculo voltados para fora.

02. Todos deverão ficar em silêncio sem fazer qualquer tipo de pergunta.

03. Colocar uma etiqueta com uma cor nas costas de cada participante.

04. Dizer que o desafio será cada um encontrar o seu par (com a mesma cor) sem falar.

05. Assim que conseguirem o objetivo, dizer que as duplas estão formadas para o próximo exercício que será uma apresentação sobre um tema interessante, que desperte a curiosidade e que seja não dominante.

## CICLO DA APRENDIZAGEM VIVENCIAL

**RELATO**: Deixar espaço para que os participantes possam se expressar logo após a apresentação.

**PROCESSAMENTO:** Deixar que falem e comentem sobre o planejamento do exercício e da apresentação.

**GENERALIZAÇÃO:** Ganhos obtidos e as semelhanças com as atividades diárias.

**APLICAÇÃO:** Lições aprendidas e o que fará diferente na próxima vez.

## PERDENDO O MEDO DE FALAR

**OBJETIVO**
Estimular o participante a compartilhar experiências bem-sucedidas e inusitadas no grupo.

**INDICADORES**
- Comunicação
- Tomada de decisão
- Flexibilidade
- Administração de conflitos
- Mudança
- Superação de desafios

**FASE DO GRUPO**
Controle

**MATERIAL**
Folha de papel e caneta

**TEMPO APROXIMADO**
Uma hora

**DESENVOLVIMENTO**
- Passar para os participantes situações que ocorrem no ambiente de trabalho.
- Pedir que encontrem ou compartilhem formas de como agiram ou agiriam nas diversas situações.

**CICLO DA APRENDIZAGEM VIVENCIAL**

**RELATO:** Perguntar sobre sentimentos e sensações, deixando livre para cada um se manifestar.

**PROCESSAMENTO:** Pedir que relatem as dificuldades que encontraram para realizar.

**GENERALIZAÇÃO:** E na empresa, como é falar sobre tais situações?

**FECHAMENTO:** Fazer o fechamento falando sobre o processo de mudança.

**SUGESTÃO DE FRASES:**

01. CONTE UMA SITUAÇÃO EM QUE VOCÊ TEVE QUE IR DIRETO AO PONTO E QUE SE DEU MUITO BEM.

02. CONTE UMA SITUAÇÃO EM QUE VOCÊ TEVE QUE "ENGOLIR" O ORGULHO E OBTEVE EXCELENTE RESULTADO.

03. RELATE UM MOMENTO QUE VOCÊ FICOU COM MUITA RAIVA, MAS QUE PENSOU BEM E CONSEGUIU SUPERAR.

04. CITE UMA SITUAÇÃO EM QUE TEVE MUITA SORTE.

05. COMPARTILHE COM O GRUPO UMA SITUAÇÃO EM QUE TIROU CONCLUSÕES PRECIPITADAS E ACERTOU "NA MOSCA".

06. CONTE UMA SITUAÇÃO EM QUE PASSOU A RESPONSABILIDADE PARA O COLEGA E SE DEU MUITO BEM.

07. RELATE UMA EXPERIÊNCIA EM QUE TEVE QUE "BANCAR O IMPORTANTE" E DEU TUDO CERTO.

08. COMPARTILHE UM MOMENTO EM QUE PARECIA QUE IA ENTREGAR OS PONTOS E ACONTECEU ALGO INUSITADO MUDANDO TUDO.

09. CONTE UM GRANDE GANHO QUE PARECIA SER PERDA.

10. RELATE UMA SITUAÇÃO EM QUE OS PROBLEMAS TE FIZERAM CRESCER.

## QUE ESTILO É O SEU DISCURSO?

**OBJETIVO**
Estimular o participante a pensar sobre a estrutura de pensamento que utiliza ao se comunicar e suas consequências.

**APLICAÇÃO**
Treinamento e Desenvolvimento

**INDICADORES**
- Percepção
- Planejamento
- Liderança
- Trabalho em equipe

**MATERIAL**
– Fita crepe para demarcar dois pontos no chão.

**FASE DO GRUPO**
– Todas as fases

**TEMPO APROXIMADO**
– 30 a 60 minutos.

**DESENVOLVIMENTO**

**1ª Alternativa (Só a 1ª rodada)**
– Demarcar dois pontos no chão da sala com fita crepe, sendo um o ponto **A** e outro o **B**.
– Dividir o grupo em duas equipes e colocar cada uma em pontos diferentes.

Passar as seguintes instruções:
– A equipe A deverá sair do ponto A e chegar ao ponto B, fazendo o percurso somente em linha reta.
– A equipe B deverá sair do ponto B e chegar ao ponto A, fazendo o percurso que quiser, desde que não seja em linha reta.

- Sairá ao mesmo tempo um participante da equipe A e outro da equipe B.
- O segundo só poderá sair quando o primeiro chegar ao ponto oposto.
- Ganha a equipe que conseguir em menor tempo.
- Depois das instruções, dê cinco minutos para o planejamento.

**2ª Alternativa (a 1ª e 2ª rodada)**
- Inverter as posições para que vivenciem a posição contrária.

## CICLO DA APRENDIZAGEM VIVENCIAL

**RELATO**: Palavra livre.

**PROCESSAMENTO**:

Solicitar que cada equipe se reúna para avaliar:
- como foi o planejamento
- liderança
- como foi o tempo
- riscos que correram
- acidentes de percurso
- ganhos que tiveram

**GENERALIZAÇÃO:** Qual a relação do exercício com o dia a dia?

**APLICAÇÃO:** Qual a maior descoberta que tiveram com o exercício?

**FECHAMENTO:** Enfatizar aspectos do pensamento linear e divergente.

## REFLEXÃO COM FRASES

**OBJETIVO**
Estimular o participante a ampliar sua capacidade de argumentação, compreensão e análise.

## APLICAÇÃO
Treinamento e Desenvolvimento

## INDICADORES
- Percepção
- Capacidade de argumentação e análise

## MATERIAL
Frases selecionadas.

## FASE DO GRUPO
Todas as fases

## TEMPO APROXIMADO
20 minutos

## DESENVOLVIMENTO
1. Em círculo e de pé, pedir que cada um retire uma carta com uma frase.
2. Espontaneamente, cada um faz a apresentação.

## CICLO DA APRENDIZAGEM VIVENCIAL

**RELATO**: Palavra livre.

**PROCESSAMENTO**: Pedir que falem sobre suas dificuldades e facilidades.

**GENERALIZAÇÃO**: Qual a relação do exercício com o dia a dia?

**APLICAÇÃO**: Elabore uma frase reflexiva que mais retrate o momento atual no seu ambiente.

**FECHAMENTO:** Pelo Facilitador, com seus comentários.

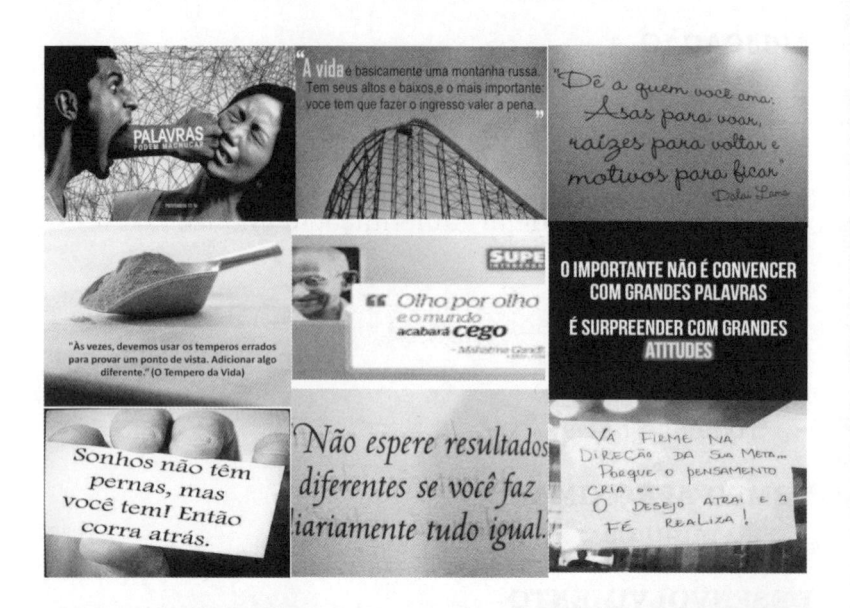

(Fonte: As figuras foram pesquisadas na Internet)

## RELACIONAMENTOS SUSTENTÁVEIS

**OBJETIVO**
Refletir com os participantes sobre como construir a sustentabilidade nos relacionamentos.

**APLICAÇÃO**
Treinamento e Desenvolvimento

**INDICADORES**
- Comunicação
- Saber ouvir
- Integração
- Trabalho em equipe
- Trabalho sob pressão

**MATERIAL**
Sete envelopes com frases recortadas.

**FASE DO GRUPO**
Todas as fases

**TEMPO APROXIMADO**
30 minutos

**DESENVOLVIMENTO**
1. Formar quatro equipes.
2. Distribuir dois envelopes com frases diferentes para cada equipe, e a tarefa é montar a frase.
3. A equipe que terminar primeiro marca ponto.
4. Comentar cada frase.

**CICLO DA APRENDIZAGEM VIVENCIAL**

**RELATO**: Palavra livre.

**PROCESSAMENTO**: Pedir que falem sobre suas dificuldades e facilidades.

**GENERALIZAÇÃO**: Qual a semelhança do exercício com o dia a dia?

**APLICAÇÃO**: Qual a proposta de aplicabilidade para o dia a dia?

**FECHAMENTO:** Pelo Facilitador, com seus comentários.

**FRASES PARA SEREM CORTADAS:**

**01. SABER LIDAR COM AS DIFERENÇAS INDIVIDUAIS.**

**02. CONVIVER COM OS OUTROS ENTENDENDO O COMPORTAMENTO DE CADA UM.**

**03. AJUSTAR AS EXPECTATIVAS, TRATANDO AS INQUIETAÇÕES QUE SURGEM.**

**04. TER HABILIDADE PARA ADMINISTRAR OS CONFLITOS.**

**05. TRATAR A TODOS COM RESPEITO, EDUCAÇÃO E GENTILEZA.**

**06. ADOTAR CERTAS REGRAS PARA NOS TORNARMOS MAIS AGRADÁVEIS E SIMPÁTICOS.**

**07. TER UMA BOA POSTURA QUE TRANSMITA SEGURANÇA, RESPEITO, ELEGÂNCIA E SIMPATIA.**

**08. AUMENTAR AS PROBABILIDADES DE COLABORAÇÃO, SINERGIA E QUALIDADE DOS RESULTADOS PROFISSIONAIS E SOCIAIS.**

## SIM OU NÃO

**OBJETIVO**
Estimular a integração dos participantes, fazendo descobertas individuais e grupais.

**INDICADORES**
- Desinibição
- Iniciativa

**FASE DO GRUPO**
- Inclusão

**APLICAÇÃO**
Seleção, Treinamento e Desenvolvimento

**MATERIAL**
- Fita crepe

**TEMPO APROXIMADO**
- 20 minutos

**DESENVOLVIMENTO**
Demarcar a sala com fita crepe fazendo duas sinalizações. Em uma delas deverão ficar todos do grupo.

Na outra, somente quem tiver a resposta **sim**, ou seja, o Facilitador faz a pergunta e quem responde SIM deve se deslocar rapidamente para o outro lado.

Logo em seguida, todos devem voltar à posição original.

O Facilitador poderá elaborar as perguntas conforme a necessidade.

**SUGESTÃO PARA PERGUNTAS**
01. É desta cidade?
02. Gosta de fazer caminhada?
03. Tem apelido?
04. Tem cargo de chefia?
05. Adora filmes de terror?

06. Prefere trabalhar sozinho?
07. É bem objetivo?
08. Tem um casal de filhos?
09. É organizado?
10. Leva trabalho para casa?
11. Gosta do que faz?
12. Pretende um cargo de chefia?
13. É novato no trabalho?
14. É muito sério?
15. Está muito satisfeito com o emprego atual?

**CICLO DA APRENDIZAGEM VIVENCIAL**

**RELATO**: Com os participantes de pé, solicitar que sinalizem sobre seus sentimentos da mesma forma proposta no exercício.

**PROCESSAMENTO**: Pedir ao grupo que comentem sobre as revelações e descobertas ocorridas durante o exercício.

**GENERALIZAÇÃO:** Como ocorrem os contatos no dia a dia? As pessoas têm a chance de se conhecerem e aprofundarem suas relações?

**APLICAÇÃO:** O que pode ser feito, melhorado?

**FECHAMENTO:** Explorar a importância das pessoas conversarem e fazerem contatos adequados no dia a dia.

## SOLUÇÃO DE PROBLEMAS

**OBJETIVO**
Incentivar os participantes a exercitarem o seu lado criativo, crítico e prático na solução problemas.

**INDICADORES**
- Criatividade
- Trabalho em equipe
- Raciocínio lógico
- Planejamento

**FASE DO GRUPO**
Controle

**APLICAÇÃO**
Seleção, Treinamento e Desenvolvimento

**MATERIAL**
Uma folha de papel para cada participante.

**TEMPO APROXIMADO**
60 minutos

**DESENVOLVIMENTO**

**1ª etapa**
Dividir o grupo em quatro subgrupos.
Solicitar que delimitem o problema.

**2ª etapa**
Cada subgrupo deverá fazer um ***brainstorming***.

**3ª etapa**
Cada subgrupo deverá escolher a melhor ou pior ideia e escrever em um papel.

**4ª etapa**
O Facilitador redistribui as ideias (grupo 1 para o 2, 2 para o 3, 3 para o 4 e 4 para o 1) e solicita que cada grupo trabalhe desenvolvendo uma linha de ação.

## 5ª etapa
Apresentação dos subgrupos.

## CICLO DA APRENDIZAGEM VIVENCIAL

**RELATO**: Com os participantes em subgrupos, solicitar que falem sobre seus sentimentos.

**PROCESSAMENTO**: Espaços para os participantes falarem sobre suas dificuldades e facilidades em trabalhar a ideia do outro, e como foi para o outro grupo a solução proposta.

**GENERALIZAÇÃO**: Qual a semelhança da vivência com o dia a dia na vida de cada um?

**APLICAÇÃO**: Que aprendizado o grupo tirou desta atividade?

**FECHAMENTO:** Pelo Facilitador, com seus comentários.

## SUPERANDO DESAFIOS

**OBJETIVO**
Permitir que o grupo administre conflitos e supere os desafios.

**APLICAÇÃO**
Treinamento, Desenvolvimento e Acompanhamento

**MATERIAL**
Cartões coloridos (verde, amarelo, azul e branco)

**TEMPO APROXIMADO**
De 15 a 20 minutos

## DESENVOLVIMENTO
1. Dividir os participantes em quatro grupos.
2. Pedir que cada grupo elabore em uma frase um desafio referente ao tema ou programa e escreva no cartão de seu grupo.
3. Todos os cartões deverão ser colocados no centro da sala.
4. Cada representante do grupo deverá pegar um cartão que não seja o seu e voltar ao grupo com a tarefa.
5. Em grupo, buscar a resposta ao desafio.
6. O representante apresenta a resposta do grupo.

## CICLO DA APRENDIZAGEM VIVENCIAL (dependendo do tempo, pode ser em grupo)

**RELATO**: Com os participantes em círculo, solicitar que sinalizem se o exercício foi + ou –, ou que se expressem em cores.

**PROCESSAMENTO**: Espaços para os participantes falarem sobre suas dificuldades e facilidades.

**GENERALIZAÇÃO**: Como enfrentamos os desafios no dia a dia?

**APLICAÇÃO**: Que aprendizado o grupo tirou da vivência?

**FECHAMENTO:** Pelo Facilitador, com seus comentários.

## SURPRESA GOSTOSA: O ABRAÇO

## OBJETIVO
Possibilitar aos participantes uma surpresa gostosa com um abraço, no momento da finalização do evento.

## INDICADORES
- Prontidão
- Integração
- Afeição

## APLICABILIDADE
Treinamento, Desenvolvimento e Acompanhamento

## FASE DO GRUPO
Abertura

## MATERIAL
Nenhum

## TEMPO APROXIMADO
10 minutos

## DESENVOLVIMENTO
– Pedir que todos façam um círculo e escolham seus pares.
– Ao formarem os pares, serão dois círculos de forma que um fique de frente para o outro.
– Se estiverem muito distantes, peça que o par se aproxime dando um passo à frente.

## INSTRUÇÕES
– O par deve levantar os dois braços.
– Agora, quem estiver do lado de fora faz um círculo com os braços em volta da cintura do colega.
– Quem estiver do lado de dentro faz um círculo em volta do pescoço do colega.
– Podem agora dar um abraço bem apertado e se despedir do colega.
– Logo em seguida, convide-os a fazerem o mesmo com os outros colegas, finalizando o evento.

## CICLO DO APRENDIZADO VIVENCIAL
Fazer até o relato e o **FECHAMENTO**, estimulando os participantes a continuarem se abraçando e agradecendo a participação de todos.

## SUZUKI 2020

**OBJETIVO**
Exercitar e estimular a criatividade, capacidade de planejamento, argumentação e negociação.

**APLICABILIDADE**
Treinamento e Desenvolvimento

**INDICADORES**
- Criatividade
- Planejamento
- Argumentação
- Negociação
- Trabalho em equipe

**FASE DO GRUPO**
Controle

**DURAÇÃO**
60 minutos

## DESENVOLVIMENTO

**1ª etapa**
1. Dividir o grupo em duas equipes de vendas.
2. Pedir que escolham um participante para ser o cliente.
3. Colocar os grupos em ambientes diferentes (preferencialmente).
4. Repassar os critérios de qualidade para o cliente.

**2ª etapa**
1. Cada grupo deverá criar a Suzuki 2020 – 25 minutos para o planejamento.
2. Simulação da venda – cinco minutos para cada grupo.
3. *Feedback* – dez minutos.

**3ª etapa**
1. Fazer o CAV.

**Atenção:**

**Planejamento:**
Cliente tem os critérios – o Facilitador deverá repassar a ele quais são. Vendedores – deverão planejar a moto.

**Simulação**
Os vendedores deverão fazer todo o cenário e convencer o cliente a comprar a ideia.

***Feedback***
O cliente conversa, negocia com os vendedores e decide se compra ou não o produto.

## CRITÉRIOS DE QUALIDADE
**PODE**
- ser inteligente e capaz de adivinhar os desejos de seu dono.
- ser musical.

- ter formato aerodinâmico, capaz de se regenerar após qualquer dano.
- ser autolimpante e fazer movimentos.
- ser leve e dobrável.
- ser capaz de espantar assaltantes.

**NÃO PODE**
- ser alta.
- pesar mais do que 3 kg.
- ser de madeira, papel, couro ou qualquer matéria-prima que represente danos à natureza.

**CICLO DA APRENDIZAGEM VIVENCIAL**

**RELATO:** Palavra livre.

**PROCESSAMENTO:** Palavra livre para os diversos papéis.

**GENERALIZAÇÃO:** As semelhanças com o dia a dia.

**APLICAÇÃO:** O que podem melhorar?

Fazer o **FECHAMENTO,** de acordo com os pontos levantados pelo grupo.

## TÁ QUENTE... TÁ FRIO... DEIXA ISSO PRA LÁ

**OBJETIVO**
Aquecer e descontrair o grupo.

**APLICAÇÃO**
Treinamento e Desenvolvimento

**INDICADORES**
- Prontidão
- Percepção
- Atenção

**MATERIAL**
Texto Tá quente... Tá frio... deixa pra lá.

**FASE DO GRUPO**
Todas as fases

**TEMPO APROXIMADO**
Dez minutos

**DESENVOLVIMENTO**
1. Treinar com o grupo os movimentos.
2. Tá quente – fazer o movimento como se o chão estivesse quente.
3. Tá frio – fazer o movimento se encolhendo, como se sentisse muito frio.
4. Deixa isso pra lá – fazer o movimento com as mãos.

Depois de ler o texto abaixo, a cada palavra os participantes fazem os movimentos treinados com o grupo.

"Quando o calor aperta, reclamam que tá **quente**. Se for preciso vestir uma roupa mais **quente**, se aborrecem com o **frio**. Seres humanos não têm meio termo. É sempre assim. Tá **quente**, tá **frio**? Tá bom, tá ruim? Ah, quer saber? **Deixa isso pra lá**.

Quando eu era criança, nesses dias de calor, lembro que minha mãe costumava me dar banho **frio**. A água era tão gelada que até doía. Depois ela preparava um leite **quente**, daqueles de queimar a língua e esfolar o céu da boca. No caminho da escola, o dia **quente** nos fazia transpirar. Já na volta pra casa, apesar do calor, eu sentia muito **frio**. No carro da vizinha ninguém podia reclamar. E eu, como de costume, me encolhia atrás do banco do motorista resmungando baixinho: "ah, **deixa isso pra lá**".

Ao chegar a casa, corria logo para a cozinha. E minha mãe gritava de longe: "Cuidado com a panela **quente**, menino. Espera o seu pai chegar para almoçar". E assim, quando eu ia comer já estava **frio, frio**. "Ah, **deixa isso pra lá**".

À noite sempre que dava uma esfriadinha, minha mãe fazia sopa **quente** e me punha pra dormir. Mesmo no **frio**, ela insistia em sentir calor. Lembro-me das brigas pelo controle do ar-condicionado. Meu pai de cabeça **quente** ia direto dormir no sofá. Abençoado ar-condicionado? Que nada! Longe disso. Pra minha mãe, sempre tá **quente**, pro meu pai tá muito **frio**. Quem entende? Ah, quer saber? **Deixa isso pra lá**".

**CICLO DE APRENDIZAGEM VIVENCIAL**

**FECHAMENTO:** Para finalizar, o Facilitador poderá a necessidade de foco e atenção.

## TEMO X NÃO TEMO

**OBJETIVOS**
- Trazer à tona elementos para serem discutidos no grupo.
- Obter dados para diagnóstico do clima do grupo.

**APLICABILIDADE**
Treinamento, Desenvolvimento e Acompanhamento

**INDICADORES**
- Trabalho sob pressão
- Administração de conflitos
- *Feedback*

**FASES DO GRUPO**
– Controle

**MATERIAL NECESSÁRIO**
– Formulário para cada participante.

**TEMPO APROXIMADO**
Uma hora

**DESENVOLVIMENTO**
– Distribuir um formulário para cada participante e solicitar que marquem um x.
– Formar trios e pedir que conversem entre si sobre as escolhas.

## CICLO DA APRENDIZAGEM VIVENCIAL

**RELATO**: Palavra livre para os trios.

**PROCESSAMENTO**: Pedir que falem sobre os comentários e discussões em trios.

**GENERALIZAÇÃO**: Como isso é conversado no dia a dia?

**APLICAÇÃO**: Sugestão de cada trio.

**FECHAMENTO:** Para finalizar, o Facilitador poderá reforçar a necessidade de novos comportamentos para que ocorram mudanças e melhore o clima do grupo.

## SUGESTÃO DE FORMULÁRIO

### TEMO X NÃO TEMO

- ☐ Represália
- ☐ Demissão
- ☐ Olhares de censura
- ☐ Arriscar
- ☐ Reuniões
- ☐ Mau humor
- ☐ Perda do controle emocional
- ☐ Gritos
- ☐ Queixas constantes
- ☐ Mudar de setor
- ☐ Explosões na presença de terceiros, de colegas
- ☐ Faltar ao trabalho
- ☐ Metas

- ☐ Falta de educação
- ☐ Silêncio
- ☐ Jogo da culpa
- ☐ Falar em Público
- ☐ Humilhações
- ☐ Fofocas
- ☐ Fazer atendimento
- ☐ Descomprometimento no trabalho
- ☐ Muitos elogios
- ☐ Trabalhar fora do horário
- ☐ Mentiras
- ☐ O gestor
- ☐ Ignorar o cliente externo

## TROCANDO JORNAIS

**OBJETIVOS**
- Vitalizar o grupo.
- Descontrair e refletir sobre espaços e limites pessoais e profissionais.

**APLICABILIDADE**
Treinamento e Desenvolvimento

**INDICADORES**
- Prontidão
- Cooperação
- Parceria
- Trabalho em equipe
- Trabalho sob pressão

**FASES DO GRUPO**
Todas as fases

**MATERIAL NECESSÁRIO**
Música vitalizadora

**DESENVOLVIMENTO**
1. Solicitar a formação de duplas.
2. Colocar sete folhas duplas de jornais no chão.
3. Dizer que o jornal é a base, pedindo ao trio que se posicione em cima da base, dançando enquanto a música toca.
4. Ao fazer pausas, os trios deverão trocar sua base.
5. As bases só poderão ser mudadas de lugar pelo Facilitador.
6. O Facilitador vai retirando as bases e quem sobrar deverá se juntar à outra dupla.
7. Colocar a música.

**CICLO DA APRENDIZAGEM VIVENCIAL**

**RELATO**: Palavra livre para as duplas ou os trios.

**PROCESSAMENTO**: Pedir que analisem o vivenciado, destacando fatores que contribuíram para atingirem o objetivo, ou que dificultaram.

**GENERALIZAÇÃO**: Como isso se dá no dia a dia?

**APLICAÇÃO**: O que pode ser melhorado no seu ambiente?

**FECHAMENTO:** Para finalizar, o Facilitador poderá reforçar sobre a importância de se exercitar a cooperação.

## VITALIZANDO COM CORES

**OBJETIVO**
Promover a integração, aquecer e descontrair o grupo.

**APLICAÇÃO**
Treinamento e Desenvolvimento

**INDICADORES**
- Integração
- Motivação
- Prontidão
- Percepção
- Atenção
- Planejamento
- Mudanças

**MATERIAL**
Música vitalizadora.

**FASE DO GRUPO**
Todas as fases

**TEMPO APROXIMADO**
Dez minutos

## DESENVOLVIMENTO
1. Pedir que os participantes fiquem em círculo.
2. Falar uma cor para cada um deles. Por exemplo: vermelho, verde, azul, amarelo e branco.
3. Explicar os comandos:

**VERMELHO**: Todos os "vermelhos" **se abraçam ao ritmo da música.**

**VERDE**: Todos os "verdes" **formam um círculo**.

**AZUL**: Todos os "azuis" **se sentam**.

**AMARELO**: Todos os "amarelos" **levantam os braços**.

**BRANCO**: Todos os "brancos" **batem palmas até mudar o comando**.

**PRETO: TODAS AS CORES PROCURAM UM PAR.**

Colocar a música vitalizadora e começar chamando uma cor, duas, três, quatro, cinco, PRETO, por várias vezes, até a finalização da música.

Enquanto cada cor cumpre a sua tarefa, os outros continuam dançando ou caminhando ao ritmo da música.

## CICLO DA APRENDIZAGEM VIVENCIAL

**RELATO:** Palavra livre.

**PROCESSAMENTO:** Pedir que falem sobre suas dificuldades e facilidades.

**GENERALIZAÇÃO:** Qual a semelhança do exercício com o dia a dia?

**APLICAÇÃO:** Pedir que cada grupo converse e elabore uma reflexão motivadora para todos.

**FECHAMENTO:** Pelo Facilitador, com seus comentários.

# Capítulo VI

# Anexos

**DEPOIMENTOS DE PARTICIPANTES DE CURSOS**

Tenho o privilégio de receber constantemente depoimentos de gestores e participantes durante e depois de cursos. Muitos agradecem e relatam as mudanças concretas graças ao aprendido nos nossos cursos.

O depoimento é uma das formas que temos de perceber a satisfação resultante de todo empenho que empregamos em cada trabalho realizado. Isso me sensibiliza muito. Mais gratificante ainda, é encontrar, depois de longo tempo, pessoas que estiveram com você nos cursos, reafirmando a importância do ocorrido.

A seguir, transcrevo alguns depoimentos que foram escritos, pelo próprio punho, por pessoas que ajudaram a escrever minha história, contribuindo imensamente para meu crescimento pessoal e profissional.

*"O curso foi extremamente proveitoso para mim, consegui evoluir bastante no quesito de falar em público e, além disso, em como posso melhorar para me tornar um facilitador que consiga capacitar as pessoas, mas somente repassando o conteúdo. Também vimos várias ferramentas que posso aplicar e estudá-las para me desenvolver."*
*Vanessa R.*

*"O curso foi mais do que eu esperava. Superou as minhas expectativas, pois consegui aprender bastante e pretendo levar o que aprendi para o meu dia a dia... a palestrante tem muito conhecimento e passou muita confiança."*

Nilva.

*"Já participei de vários cursos, inclusive de como apresentar-se em público, mas não desta magnitude. Acredite Lisbeth, como Cora Coralina dizia, você realmente transfere o que sabe e tenho certeza de que aprende com os que ensina; isso está evidenciado em todos os conteúdos que nos transmitiu. Acredito que este curso seja a mola propulsora para nosso apogeu."*

Erika C.

*"Bom dia, eu me chamo Claiton S. F e estou muito feliz por participar deste treinamento que foi satisfatório para meu crescimento pessoal e profissional. Aprendi bastante sobre o medo que tinha de encarar as coisas e a realidade do nosso cotidiano. Parabéns à nossa instrutora. E quero dizer que me sinto grande por fazer várias realizações de crescimento. Obrigado!"*

Claiton S.

*"Meu nome é Andréia A. A. e fiquei muito satisfeita. O treinamento foi ótimo, a facilitadora Lisbeth está de parabéns. Gostaria de sempre participar destes treinamentos. Mudei meu modo de pensar e sinto mais confiança em mim. Hoje posso dizer que posso ir muito além do que eu imaginava. Obrigada!"*

Andréia A. A.

*"Extraordinário! Como nos fizeram crescer com o passar das atividades. Envolvimentos de todos os participantes interagindo entre si. Parabéns à Lisbeth e a todos pela oportunidade de fazer parte desse seleto grupo de pessoas em busca de uma vida mais criativa e inteligente. Valeu!!!"*

Wendel.

*"Meu nome é Rodolfo G., e venho através deste agradecer pelos dois dias e meio de curso; para minha pessoa foi muito importante porque pude aprender muitas coisas novas dentro desse curso. E hoje, nestes últimos minutos que me restam, pude fazer novas amizades. Obrigado Professora Lisbeth."*

Rodolfo G.

*"Este treinamento é um treinamento muito importante não só para mim, mas para todos que estão aqui hoje. Quero te parabenizar por ajudar a todos a superar seus medos, nervosismo, ansiedade e a se tornarem melhores facilitadores. Com o seu treinamento eu aprendi muito, e o que eu aprendi vou levar pro resto de minha vida tanto pessoal quanto profissional. Deixo o meu abraço e sucessos!"*

Maria L.

*"Este curso foi muito importante para mim porque superei os meus medos e inseguranças. Espero que a partir deste momento eu melhore cada dia mais. A você Lisbeth, obrigado por passar tantos conhecimentos para ser um bom facilitador. Obrigado!"*

Ronaldo L.

*"O curso (treinamento) Formação de Facilitadores Internos é um grande impulso não só na nossa vida profissional, mas também na nossa vida pessoal. Quem teve a oportunidade de participar desse treinamento, com certeza sairá daqui com uma grande bagagem de aprendizado que será levada por toda a vida. Agradeço muito a oportunidade de participar desse treinamento onde adquirimos experiência, nos tornando pessoas melhores a cada dia. Muito obrigada Lisbeth."*

Raucia C.

*"O curso (treinamento) de Facilitador Interno, onde visa aprimorar os conhecimentos e ter mais experiência para exercer o trabalho como Facilitador, é um ótimo treinamento, sem falar da palestrante que é inteligente e que domina muito bem o assunto tratado no curso. Obrigada, e agradeço à Lisbeth."*

Rosane A.

*"Este treinamento de formação de Facilitadores Internos, não só ajudará na minha função que faço na empresa, mas também na minha vida profissional, que é adquirir mais conhecimentos. Lisbeth, obrigada por me ajudar a domar mais conhecimentos na minha vida profissional."*

Jandira A. S.

*"Meu nome é Marsilene A. R. Tirei muito proveito do treinamento, aprendi muito e tenho certeza de que vou levar para sempre e aplicar bastante no meu dia a dia. Quero também parabenizar e agradecer à ministrante Lisbeth pelo amplo conhecimento, enriquecimento e aprendizado. Obrigada!"*

Marsilene A. R

*"Meu nome é Maria S.N.B. O treinamento foi excelente em aprendizado e conteúdo do material usado. Iremos aplicar em todas as áreas da vida e haverá o crescimento pessoal de cada participante. Parabéns, Lisbeth, pelo desempenho e sabedoria. Estamos muito agradecidos pelo conhecimento que adquirimos no treinamento. O nosso muito obrigado."*

Maria S.

*"Pela segunda vez tive a oportunidade de participar do curso (treinamento). Agradeço à Lisbeth com ensinamento pôde me ensinar em tão pouco tempo conhecimentos que me farão uma profissional melhor."*

Rosangela A.

*"Este Treinamento foi bom e gratificante para mim, com crescimento e conhecimento. Esperei quase cinco anos para participar desse treinamento e tenho que dizer que valeu a pena! Obrigada!"*

Mauricelia R.

*"Foi ótimo! Tenho certeza de que os dias ficarão no passado, mas o conhecimento ficará para sempre. Obrigada!"*

Maria. F

*"O treinamento de facilitadores certamente vai facilitar os repasses e as apresentações dentro da companhia, proporcionando mais segurança e uma melhor qualidade em nossas próximas apresentações, de acordo com as ferramentas que foram apresentadas."*

Anônimo

*"Este treinamento marcou o ponto de partida para grandes conquistas, pois de forma clara e objetiva mostrou-me a capacidade que temos de evoluir de forma pessoal e profissionalmente. Hoje conheço bem meus obstáculos e sei o caminho que devo seguir para chegar ao sucesso."*

Alexsandro F.

*"Foi um grande privilégio poder participar de um treinamento como este, pois nos incentiva e encoraja a superar sempre os limites de nossa competência. Aprendi e acreditei mais em meu potencial e, principalmente, que precisamos nos reinventar a cada dia."*

Nataniel B.

*"Ficamos honrados em podermos ser treinados por uma pessoa com tanta experiência e competência, e que tem prazer em ensinar o que sabe."*

Cleberson M.

*"O treinamento foi muito bom porque foi um desenvolvimento dentro das normas, e também uma oportunidade de aprender e conquistar a metodologia, o desempenho de errar e consertar os erros consigo mesmo."*

Anônimo.

*"Estou muito grata pela oportunidade de qualificação que tive pela Hydra. Já passei por outros treinamentos, mas não tinha agregado em mim os conhecimentos como nesse. Sinto-me preparada para os desafios."*

Rute D.

*"Lisbeth, parabéns por saber tanto, mas, além disso, saber passar tão bem. Eu saio daqui uma melhor profissional."*

Anna Karla

*"Lisbeth, saiba que foi muito gratificante este treinamento. Saio com mais conhecimento e me sinto mais capacitada para atingir os objetivos propostos na organização. Parabéns!"*

Valéria R.

*"Obrigada pelo conhecimento que soube nos passar tão bem! Sua dedicação, organização e competência nos incentiva a continuar a crescer..."*

Diane M

*"Parabéns Lisbeth pelo seu conhecimento, pelos temas abordados e por saber tirar de "TODOS" os participantes algo que estava bem guardado dentro de cada um. A todo momento você utilizou o termo de que somos todos capazes, e isso passou muita confiança para nos desenvolvermos."*

Maycon L.

*"A grande arte da vida, na vida e para a vida: aprender. Obrigada Lisbeth! Aprendi muito com você. Sucessos contínuos... Parabéns!"*

Ênice

*"O treinamento de facilitadores da Lisbeth é excelente!!! Na minha área já ministro alguns treinamentos, mas fui aprendendo sozinha; com certeza, após o treinamento, poderei melhorar muito minha atuação."*

Josiane S.

*"A Lisbeth tem uma capacidade extraordinária de transmitir um determinado assunto, dinâmicas, vídeos e recursos que nos capacitam para a vida e para o mercado de trabalho. O treinamento foi espetacular e nos proporcionou novos meios de transmitir conhecimentos às nossas equipes."*

Moura

*"A maneira como é repassado o treinamento é maravilhoso, sem colocar defeitos. A Facilitadora explana o conteúdo de uma forma que prende a concentração de todos. Procurei erros e não consegui encontrar; sem falar da nossa autoestima que cresce 1000%. A pessoa sai querendo colocar tudo em prática."*

Jonatan T

## INSTRUMENTOS

### Roteiro Para Avaliação de Candidatos/Indicados para Preparo e Atuação como Facilitadores

### FORMA DE APLICAÇÃO DO INSTRUMENTO

Recomenda-se que seja montado um comitê, coordenado por um profissional em nível sênior da área de RH, e que esse comitê delibere consensualmente sobre cada postulante ou indicado para a função de FACILITADOR INTERNO.

Os FATORES A CONSIDERAR são aqueles mais frequentes na descrição dos perfis pelas empresas que avançaram na prática regular da facilitação interna e da construção de quadros de consultores internos.

Os candidatos/indicados escolhidos serão aqueles com a maior nota média, somados todos os pontos atribuídos na escala respectiva.

| FATORES A CONSIDERAR | |
|---|---|
| | NOTA A SER ATRIBUÍDA PELOS AVALIADORES A CADA FATOR |
| 1. Apresentação pessoal como um todo (visual) | NA  1  2  3  4  5  6  7  8  9  10 |
| | |
| 2. Voz: volume audível, timbre e dicção | NA  1  2  3  4  5  6  7  8  9  10 |
| | |

| | | | | | | | | | | |
|---|---|---|---|---|---|---|---|---|---|---|
| 3. Postura física nas interações com as pessoas | NA | 1 | 2 | 3 | 4 | 5 | 6 | 7 | 8 | 9 | 10 |
| 4. Firmeza na postura comportamental para exercer a função | NA | 1 | 2 | 3 | 4 | 5 | 6 | 7 | 8 | 9 | 10 |
| 5. Autocontrole emocional em situações demandantes | NA | 1 | 2 | 3 | 4 | 5 | 6 | 7 | 8 | 9 | 10 |
| 6. Competência de liderança em geral | NA | 1 | 2 | 3 | 4 | 5 | 6 | 7 | 8 | 9 | 10 |
| 7. Competência de relacionamento com pessoas | NA | 1 | 2 | 3 | 4 | 5 | 6 | 7 | 8 | 9 | 10 |
| 8. Preparo e domínio nos detalhes do seu trabalho | NA | 1 | 2 | 3 | 4 | 5 | 6 | 7 | 8 | 9 | 10 |
| 9. Qualidade da comunicação | NA | 1 | 2 | 3 | 4 | 5 | 6 | 7 | 8 | 9 | 10 |
| 10. Credibilidade junto à comunidade interna | NA | 1 | 2 | 3 | 4 | 5 | 6 | 7 | 8 | 9 | 10 |
| 11. Capacidade de lidar com grupos | NA | 1 | 2 | 3 | 4 | 5 | 6 | 7 | 8 | 9 | 10 |
| 12. Capacidade de manter o bom humor | NA | 1 | 2 | 3 | 4 | 5 | 6 | 7 | 8 | 9 | 10 |
| 13. Disposição para dividir conhecimentos | NA | 1 | 2 | 3 | 4 | 5 | 6 | 7 | 8 | 9 | 10 |
| 14. Lealdade e dedicação à Empresa | NA | 1 | 2 | 3 | 4 | 5 | 6 | 7 | 8 | 9 | 10 |

| | | | | | | | | | | |
|---|---|---|---|---|---|---|---|---|---|---|
| 15. Experiência em situações formais/ informais de ensino | NA 1 | 2 | 3 | 4 | 5 | 6 | 7 | 8 | 9 | 10 |
| 16. Confiança e prestígio junto aos gestores imediatos | NA 1 | 2 | 3 | 4 | 5 | 6 | 7 | 8 | 9 | 10 |
| 17. Senso de responsabilidade para assumir desafios | NA 1 | 2 | 3 | 4 | 5 | 6 | 7 | 8 | 9 | 10 |
| 18. Capacidade de agir com disciplina | NA 1 | 2 | 3 | 4 | 5 | 6 | 7 | 8 | 9 | 10 |
| 19. Indicadores de vocação para a carreira | NA 1 | 2 | 3 | 4 | 5 | 6 | 7 | 8 | 9 | 10 |
| 20. Potenciais para desenvolvimento na função e na carreira | NA 1 | 2 | 3 | 4 | 5 | 6 | 7 | 8 | 9 | 10 |

*Ferramenta criada e cedida pelo consultor Benedito Milioni/ 2013*

NA = Não se aplica

## Autoanálise das Necessidades de Treinamento para Facilitadores Internos

| NOME DO AUTOAVALIADO: | | FASE DE COBERTURA POR ESTA AVALIAÇÃO: | |
|---|---|---|---|
| GESTOR: | | DATA: | |
| **1. MEU APRENDIZADO EM CAMPO** | | **4. MINHA CAPACIDADE EM CONQUISTAR O GRUPO** | |
| 1. ( ) Claro e consistente. 2. ( ) Nenhum. Não pensei nisso. | 3. ( ) Creio que em base mínima. 4. ( ) Tem sido pouco. | 1. ( ) Se dá em bases mínimas. 2. ( ) Tem "dado para o gasto". | 3. ( ) Tenho muitas dificuldades. 4. ( ) Nem tenho ideia do que seja. |

| 2. MINHA BASE CONCEITUAL | | 5. MINHA CAPACIDADE DE COMUNICAÇÃO | |
|---|---|---|---|
| 1. ( ) Suficientemente suprida. | 3. ( ) Suprida no mínimo. | 1. ( ) Inibida ainda. | 3. ( ) Não tenho dificuldades. |
| 2. ( ) Inteiramente suprida. | 4. ( ) Suprida na menor parte. | 2. ( ) Nunca soube nada a respeito. | 4. ( ) Sei que tenho problemas. |
| 3. CAPACIDADE DE PLANEJAR/ MONTAR AULAS | | 6. CAPACIDADE DE MOTIVAR O GRUPO | |
| 1. ( ) Total, nada mais me falta. | 3. ( ) Apenas razoável. | 1. ( ) Não tenho dificuldades. | 3. ( ) Às vezes consigo motivar. |
| 2. ( ) No nível mínimo. | 4. ( ) Preciso muito aprender. | 2. ( ) Nunca pensei a respeito. | 4. ( ) Não sei como motivar. |
| 7. CAPACIDADE DE PLANEJAR E CONTROLAR O TEMPO | | 10. CAPACIDADE DE OFERECER FEEDBACKS | |
| 1. ( ) Não sei como. | 3. ( ) Nem sempre acerto. | 1. ( ) Se dá em bases mínimas. | 3. ( ) Tenho muitas dificuldades. |
| 2. ( ) Não pensei nisso. | 4. ( ) Tenho me saído bem. | 2. ( ) Tenho feito e bem feito. | 4. ( ) Nem tenho ideia do que seja. |
| 8. CAPACIDADE DE DISTRIBUIR PERGUNTAS | | 11. CAPACIDADE DE MANTER "ACESO" O INTERESSE | |
| 1. ( ) Suficiente. | 3. ( ) Suprida no mínimo. | 1. ( ) Inibida ainda. | 3. ( ) Não tenho dificuldades. |
| 2. ( ) Inteiramente suprida. | 4. ( ) Suprida na menor parte. | 2. ( ) Nunca soube nada a respeito. | 4. ( ) Sei que tenho problemas. |
| 9. CAPACIDADE DE APLICAR EXERCÍCIOS | | 12. CAPACIDADE DE ENFRENTAR CRISES | |
| 1. ( ) Total, nada mais me falta. | 3. ( ) Apenas razoável. | 1. ( ) Total, não tenho dificuldades. | 3. ( ) Atrapalho-me, mas resolvo. |
| 2. ( ) No nível mínimo. | 4. ( ) Preciso muito aprender. | 2. ( ) Ainda não sei bem. | 4. ( ) Tenho problemas nisso. |
| 13. MINHA POSTURA FÍSICA DIANTE DE GRUPOS | | 14. MINHA POSTURA COMPORTAMENTAL | |
| 1. ( ) Tem sido firme e elegante. | 3. ( ) Apenas razoável, sei disso. | 1. ( ) Madura e profissional sempre. | 3. ( ) Tenho sentido insegurança. |
| 2. ( ) Boa, mas há o que melhorar. | 4. ( ) Preciso de correções nela. | 2. ( ) Adequada quase sempre. | 4. ( ) Preciso de muitas melhorias. |

*Ferramenta criada e cedida pelo consultor Benedito Milioni /2013*

## *CHECK-LIST* PARA AVALIAÇÃO DO DESEMPENHO DO FACILITADOR INTERNO

| FATORES A CONSIDERAR | |
|---|---|
| | NOTA A SER ATRIBUÍDA PELOS AVALIADORES A CADA FATOR |
| 1. Apresentação pessoal como um todo (visual) | 1  2  3  4  5  6  7  8  9  10 |
| 2. Voz: volume audível, timbre, dicção | 1  2  3  4  5  6  7  8  9  10 |
| 3. Gestual (uso das mãos e do corpo para comunicar) | 1  2  3  4  5  6  7  8  9  10 |
| 4. Desempenho de plataforma (movimentação física) | 1  2  3  4  5  6  7  8  9  10 |
| 5. Controle visual dos participantes | 1  2  3  4  5  6  7  8  9  10 |
| 6. Autoconfiança técnica demonstrada | 1  2  3  4  5  6  7  8  9  10 |
| 7. Autocontrole emocional | 1  2  3  4  5  6  7  8  9  10 |
| 8. Cuidados com o planejamento das ações de ensino | 1  2  3  4  5  6  7  8  9  10 |
| 9. Didática da comunicação | 1  2  3  4  5  6  7  8  9  10 |
| 10. Competência na distribuição de perguntas | 1  2  3  4  5  6  7  8  9  10 |
| 11. Competência em manter a atenção das pessoas | 1  2  3  4  5  6  7  8  9  10 |
| 12. Competência na solução e esclarecimento de dúvidas | 1  2  3  4  5  6  7  8  9  10 |

| | |
|---|---|
| 13. Competência de liderança em geral | 1　2　3　4　5　6　7　8　9　10 |
| 14. Competência em administrar o timing da apresentação | 1　2　3　4　5　6　7　8　9　10 |
| 15. Domínio e utilização dos recursos de apoio | 1　2　3　4　5　6　7　8　9　10 |
| 16. Capacidade de administrar as situações de grupo | 1　2　3　4　5　6　7　8　9　10 |
| 17. Relacionamento interpessoal com o grupo | 1　2　3　4　5　6　7　8　9　10 |
| 18. Competência em usar e manter o bom humor | 1　2　3　4　5　6　7　8　9　10 |
| 19. Atenção às normas de cortesia e respeito pelos demais | 1　2　3　4　5　6　7　8　9　10 |
| 20. Habilidade em contornar questões delicadas | 1　2　3　4　5　6　7　8　9　10 |
| 21. Postura física e imagem pessoal diante de grupos | 1　2　3　4　5　6　7　8　9　10 |
| 22. Correção e elegância comportamental | 1　2　3　4　5　6　7　8　9　10 |
| 23. Capacidade em manter o foco no objeto do ensino | 1　2　3　4　5　6　7　8　9　10 |
| 24. Credibilidade contida no discurso e opiniões | 1　2　3　4　5　6　7　8　9　10 |
| 25. Tônus vital | 1　2　3　4　5　6　7　8　9　10 |

*Ferramenta criada e cedida pelo consultor Benedito Milioni/2013*

## ESTRUTURA PARA CRIAÇÃO DE UMA TÉCNICA VIVENCIAL

**NOME** (da técnica ou exercício)

**OBJETIVO(S)**

**INDICADORES**

**APLICAÇÃO**

**MATERIAL**

**TEMPO APROXIMADO**

**DESENVOLVIMENTO**

**SUGESTÃO PARA O C A V:**

**RELATO:**

**PROCESSAMENTO:**

**GENERALIZAÇÃO:**

**APLICAÇÃO:**

**FECHAMENTO**

# Bibliografia Consultada

- A DINÂMICA DO TRABALHO DE GRUPO – Áurea Castilho
- A LINGUAGEM SECRETA DOS NEGÓCIOS – Kevin Hogan
- APRENDIZAGEM DE RESULTADOS – Uma Abordagem Prática para Aumentar a Efetividade da Educação Corporativa – Malcolm S Knowlles
- COMUNICAÇÃO SEM MEDO – Eunice Mendes & L.A. Costacurta Junqueira
- COMPORTAMENTO ORGANIZACIONAL – Stephen P Robbins
- COMO FALAR EM PÚBLICO -Técnicas de Comunicação para Apresentações – Isidoro Blikstein
- EQUIPES DÃO CERTO – Fela Moscovici
- INSTRUÇÕES BÁSICAS PARA TREINAMENTO EM EMPRESAS – Um Manual Prático – Gary Kroehnert
- JOGOS COOPERATIVOS – Fábio Otuzi Brotto
- JOGOS PARA TREINAMENTO EM RECURSOS HUMANOS – Gary Kroehnert
- JOGOS, DINÂMICAS E VIVÊNCIAS DE GRUPO – Albigenor & Rosa Militão
- JOGOS E TÉCNICAS VIVENCIAIS NAS EMPRESAS – Marise Jalowitzki

- JOGOS DE EMPRESAS E TÉCNICAS VIVENCIAIS – Maria Rita Gramigna
- JOGOS DE EMPRESAS – Maria Rita Gramigna
- JOGOS PARA SELEÇÃO – COM FOCO EM COMPETÊNCIAS – Maria Odete Rabaglio
- MANUAL DE TÉCNICAS – Celso Antunes
- METODOLOGIA INTEGRATIVA WIN EM TÉCNICAS VIVENCIAIS – William Neves/Rosângela Barros
- 150 JOGOS DE TREINAMENTO – Andy Kirby
- 100 JOGOS PARA GRUPOS – Ronaldo Yudi

Entre em sintonia com o mundo

# QualityPhone:
# 0800-0263311

*Ligação gratuita*

**Qualitymark Editora**
Rua Teixeira Júnior, 441 – São Cristóvão
20921-405 – Rio de Janeiro – RJ
Tels.: (21) 3094-8400/3295-9800
Fax: (21) 3295-9824
**www.qualitymark.com.br**
e-mail: quality@qualitymark.com.br

## Dados Técnicos:

| | |
|---|---|
| • Formato: | 14 x 21 cm |
| • Mancha: | 11 x 18 cm |
| • Fonte: | Bookman |
| • Corpo: | 11 |
| • Entrelinha: | 13 |
| • Total de Páginas: | 216 |
| • 1ª Edição: | 2013 |
| • Gráfica: | Blue Print Gráfica e Editora |